DIEU
ET
LES PRÊTRES,

FRAGMENTS

D'UN POËME PHILOSOPHIQUE.

PAR SYLVAIN M.... L.

L'Homme a dit : faisons Dieu ; qu'il soit à notre image !
Dieu fut ; et l'ouvrier adora son ouvrage.

L'AN PREMIER DE LA RAISON.

A PARIS,

Chez le C. PATRIS, imprimeur-libraire de la Commune, rue de l'Observatoire, N°. 182, et DEVAUX, libraire, Palais Egalité.

L'an II de la Rédublique Française.

COMPTE RENDU DE L'OUVRAGE,

(PAR B...N.)

Extrait du numéro 180 des Annales universelles et méthodiques, Tom. III, p. 341 à 349, 28 Décembre 1790.

Fragments d'un Poëme sur Dieu, édition de Nismes, in-8°. 1790.

AD MAJOREM GLORIAM VIRTUTIS.

Tel est le titre d'un ouvrage vigoureux, dont la tourbe arrogante et pusillanime des journalistes n'a encore rien dit, quoiqu'il ait paru dès 1781, (nous avons les deux éditions sous les yeux). On serait tenté de le prendre sur son titre pour un écrit très-orthodoxe, si l'on n'était promptement désabusé par la lecture des deux vers qui lui servent d'épigraphe.

La fin répond parfaitement à ce début, et le surpasse même. Voyez l'épitaphe de l'auteur, pages 99 et 100.

Par-tout le hardi écrivain regarde la croyance d'une divinité comme destructive de la Vertu ; par-tout il élève sur ses autels cette idole des belles âmes, dont il est vrai qu'il prêche le culte avec enthousiasme; mais il ôte aux cœurs faibles et malheureux l'espoir d'un meilleur ordre, l'attente d'un sort plus doux: il leur ravit l'ami consolateur dont ils ont si grand besoin ; indigné, sans doute, de ce que de pieux forcenés lui ont si souvent prêté le vœu des furies, pour en jouer eux-mêmes le rôle sous son nom. Nous sommes loin d'approuver son égarement ; mais nous convenons qu'il le rend quelquefois sublime : nous ne pouvons que le plaindre de n'avoir pas sçu distinguer l'or de son alliage; peut-être a-t-il cru que ce serait détruire plus virtuellement le monstre du fanatisme, si on lui ôtait son aliment ; comme le feu s'éteint, lorsqu'on le prive de combustibles. Son erreur, au surplus, paraît d'autant plus incurable, qu'elle s'étaye sur le sentiment et sur la raison. Les maux de cette vie, qui nous paraissent si graves, ne sont rien devant son stoïcisme ; c'est Séneque prêchant âprement la vertu, regardant le malheur en pitié, et en appelant à sa conscience, dont il fait le salaire de l'honnête homme, et le rempart de l'infortuné. Les blessures de l'âme ne sont pour lui que des égratignures auxquelles il ne faut pas *l'appareil d'un Dieu.*

C'est par choix, sans doute, que l'on vient de réimprimer ces fragments à Nismes, cette ville de sang, * où, dans un siècle de raison,

---

Voyez une Adresse à l'Assemblée nationale, présentée par la veuve (J. L. Bertrand) du S. J. Gas de Nîmes, et par ses six enfants, contenant une relation exacte du pillage de la maison de Gas, de son affreux assassinat, et des excès commis envers sa famille. à Paris, au profit de la veuve et des enfants; Gattey, 1790, 23 pag. in-8°.

Le rédacteur de cette relation pouvait se dispenser de lui donner pour épigraphe ces deux vers :

J'oublierais un époux privé de funérailles,
Et ses restes sanglants traînés sous nos murailles !

sous l'œil de la philosophie, l'atroce superstition a sçu plonger encore dans le sein des Français des glaives civiques, fraternels et religieux. Un homme de la terre, étranger aux intérêts du ciel, et aux opinions des deux partis, aura voulu remettre ce poëme sous les yeux de ses concitoyens, pour leur faire sentir que, semblables aux héros d'Ossian, ils combattaient pour des fantômes.

Nous demandons pardon à nos lecteurs de leur faire connaître un ouvrage de scandale, mais de raisonnement. Nous invitons les dévots, dont le sang est plus irritable que le cœur

---

Le sujet était déja déchirant assez par lui-même. Il fallait plutôt citer encore une fois ce vers de Lucrèce, malheureusement cité déja tant de fois.

Tantùm relligio potuit suadere malorum !

Tant de fiel entre-t-il dans l'ame des dévots !...

Encore une scène atroce dûe à la religion, et cela en 1790; mais ici ce sont des protestants qui semblent avoir voulu prendre à Nîmes leur revanche du massacre de la Saint-Barthelemi à Paris, et qui immolent un père de famille par ressentiment de ce que son épouse s'est rangée du culte de son mari.

Les détails de ce tableau font frémir.

n'est sensible, de s'épargner la lecture de ces pensées téméraires.

. . . .
. . . .
. . . .
. . . .
. . . .
. . . .

On sent que l'auteur n'ayant donné que des fragments d'un poëme, qu'un jour apparemment il publiera en entier, il serait difficile de juger de sa marche et de l'enchaînement de ses preuves. En général, elles sont éparses comme les colonnes d'un édifice qui se construit encore.

. . . .
. . . .

Les pensées de Pascal sont dans le même désordre; on n'en démêle pas moins dans presque toutes, le génie de l'architecte. Il avait entrepris un temple à la divinité; notre auteur lui construit un mausolée. Nous nous permettrons donc, en attendant que le poëte lui-même ordonne son travail, de rapprocher plusieurs morceaux qui nous ont paru faits pour marcher ensemble.

Nous citerons par fois Lucrèce, ce célèbre

adversaire des terreurs religieuses. Son rival et lui sont poëtes, et très-grands poëtes ; tous deux étonnent autant par la hardiesse de leurs sophismes, que par la vigueur de leurs expressions ; mais l'ami de Memmius, versificateur incorrect, et physicien plus que médiocre, a, sous ce rapport, quelquefois à souffrir du parallèle. Avec autant de chaleur et plus de pureté, le nouveau sceptique joint l'avantage plus grand encore d'être un raisonneur d'autant plus pressant, que c'est la morale qu'il intéresse dans sa querelle contre Dieu, tandis que le poëte latin tire trop souvent ses arguments d'une physique obscure et entortillée. Les ignorants ne l'entendent point, les sçavants en sont mécontents : le poëte français, au contraire, s'est mis à la portée de tous les esprits, parce qu'il a sçu parler aux cœurs. Jamais on n'a déclaré la guerre à la Providence d'une manière plus solemnelle que l'un et l'autre ne l'ont fait ; mais Lucrèce est un visir qui détrône le sultan. Son émule est un républicain impétueux, qui dit à ses concitoyens : vous êtes assez heureux pour n'avoir plus de roi ; faites encore un pas, et vous voilà entièrement libres. Au reste, il s'attache à prouver l'inexistence des Dieux, pour pouvoir leur faire remise de leur injustice : Lucrèce, plus coupable sans doute, leur fait l'injure de combiner l'être qu'il leur laisse avec l'inutilité et l'insouciance la plus profonde. Tous deux ne reconnaissent pour forces motrices, que celles de la nature : mais tandis que notre poëte n'abat que des *idoles*, Lucrèce rêve l'assemblage monstrueux de Dieux sans providence.

Tout le monde connait ce fameux vers de Lucrece :

Tantùm religio potuit suadere malorum !

Un autre moins cité et plus énergique encore est celui-ci :

Religio peperit scelerosa atque impia facta.

Le Lucrèce moderne, mêlant l'ironie aux raisonnements et aux faits, développe cette pensée, qui n'a été inspirée à son précurseur que par le sacrifice d'Iphigénie, crime particulier comme celui de Jephté, et qui par conséquent, n'offre qu'une calamité obscure et passagère, si on la compare aux meurtres nombreux et séculaires de l'inquisition, à l'assassinat des Albigeois, au massacre des Vaudois, aux croisades, à la ligue, à la guerre de trente ans, etc. etc. etc.

Voici comme, des Dieux qui persécutent notre pensée, il dérive les prêtres et les rois qui nous persécutent nous-mêmes.

Oh! que le nom d'un Dieu fit de mal à la terre!
Les tendres noms d'époux, et de fils, et de père,
Ceux de concitoyen, de bienfaiteur, d'ami,
Perdent tout leur pouvoir, se taisent devant lui.
Hélas! combien ce nom fit répandre de larmes!
Causa de noirs chagrins et de vaines alarmes! etc.
Fragment 50.

O, s'écrie Lucrece :

O genus infelix humanum talia divis
Cum tribuit facta, atque iras adjunxit acerbas!
Quantos tùm gemitus ipsi sibi, quantaque nobis
Vulnera, quas lacrymas peperere minoribu' nostris!
Liv. 5, v. 1193.

Mais quelle fut l'origine de ces Dieux, de ces rois, de ces prêtres, que notre auteur n'aime ni n'estime plus les uns que les autres? Son sixième Fragment contient la réponse.

On y voit que le poëte moderne rapporte l'origine d'un Dieu à la peur; mais plus concis et plus profond, il ne s'en rapporte pas uniquement sur les effets de la nature; il y combine la friponnerie des hommes. Quoique Lucrèce n'attribue le fléau des Dieux qu'aux terreurs de l'humanité, il ne laisse pas de déplorer avec énergie cette source trop féconde, sur laquelle il se serait expliqué avec un sentiment plus amer encore, s'il l'eût supposée empoisonnée par la fraude. Lisez liv. 5, v. 1160.

Prætereà mihi non animus formidine divûm
Contrahitur ? cui non conrepunt membra pavore,
Fulminis horribili cùm plagâ torrida tellus
Contremit, et magnum percurrunt murmura cœlum ?
Non populi, gentes que tremunt, reges que superbi ?
V. 1217.

. . . .
Denique sub pedibus tellus cùm tota vacillat
Concussæ que cadunt urbes, dubiæque minantur,
Quid mirum si se temnunt mortalia sæcla,
Atque potestates magnas, mirasque relinquunt
In rebus vires divûm quæ cuncta gubernant ?
V. 1235.

Revenons aux rois et aux prêtres, images et ministres des Dieux sur la terre ; notre auteur paraît avoir puisé dans sa haine pour eux celle qu'il laisse éclater contre Dieu lui-même. Dans les Fragments 12, 34 et 38, il s'érige en prophète à leur égard. Ses prédictions contr'eux paraîtront fort extraordinaires, si l'on se rappelle que son poëme a été publié huit ans avant la révolution.

b ij

De tous ses préjugés l'homme est prêt à rougir :
De sa trop longue enfance il veut enfin sortir :
Douzième Fragment.

Le jour luit : frémissez, fanatiques ministres !
Un prompt réveil succède à vos songes sinistres :
Trente-quatrième Fragment.

Le trente-huitième Fragment, tout aussi prophétique, est encore contre les Dieux, mais dans leurs rapports avec les rois.

Loin d'être une barrière aux attentats des princes,
Loin d'être un bouclier utile à leurs provinces,
Le nom d'un Dieu fait taire ou mépriser les lois,
Et sert à consacrer les caprices des rois, etc....

Les peuples deviendront les juges de leurs rois, etc......
. . . .

Lucrèce a tourné autour de la même pensée sur les rois, mais il est loin de l'avoir rendue avec autant de précision et d'énergie, etc. Liv. 5, v. 1135.

Ces divers passages, si analogues à notre révolution, à la chûte des pouvoirs usurpés, à l'ordre que la lassitude ramène naturellement au milieu des mouvements les plus tumultueux, à l'assemblée nationale enfin, n'ont-ils pas l'air d'être autant de prédictions beaucoup plus directes que certains logogryphes obscurs, qu'à force de commentaires on s'épuise à faire passer pour tels ? Ces deux morceaux, très-certainement, suffiraient pour justifier l'esprit prophétique que les anciens accordaient aux poëtes, et la dénomination de VATES (*voyants*) qui leur était commune avec les devins.

Nous l'avons dit : l'espoir des récompenses scandalise la délicatesse du poëte, et sa conscience magnanime s'effarouche du salaire. Il ne vend pas ses vertus ; il n'en trafique pas comme un courtier avide, qui espère bien gagner sur le marché. Sa probité n'est point devoir, mais générosité. L'amour de l'ordre est pour lui, ce que l'amour de soi est pour la foule. Nul retour d'intérêt sur lui-même; sa religion enfin est le *quiétisme de la philosophie*.

A l'esclave craintif qu'on dise : marche droit,
Ton maître suit tes pas : sois sage, Dieu te voit.
Qu'ai-je besoin d'un Dieu, d'un inutile maître,
Si je suis vertueux pour le plaisir de l'être ;
Quel fourbe le premier, pour nous donner la loi,
Attacha sur nos yeux le bandeau de la foi,
Dégrada les vertus par un honteux salaire,
De l'homme bienfaisant fit un vil mercenaire;

Et lui montrant au ciel son rémunérateur,
osa lui proposer un prix hors de son cœur ?....
Heureux qui dans le sien se rend ce témoignage :
Non : je n'ai pas besoin d'un Dieu pour être sage,
Fragments 44 et 45.

Le portrait d'Epicure peint par Lucrèce, l. 1, v. 63, est plein des traits les plus audacieux ; mais on peut lui opposer la douce quiétude de notre poëte. Voyez p. 1, Frag. 10 et 11.

Lucrèce se tourmente beaucoup pour expliquer le mécanisme du monde, et détruire l'influence que les Dieux sont censés avoir eue sur son existence. Liv. 2, v. 114.

Voici comment l'auteur français traite la question physique de l'existence de Dieu.

Monde, qui t'a créé ? etc. Fragments premier et 17.

La morale n'offre point au hardi sceptique des probabilités plus puissantes de l'existence d'une Divinité ; il s'en explique, Fragm. 1 et 16.

. . . Les ris du crime heureux, les pleurs de l'innocence,
Tout démontre d'un Dieu la malice ou l'absence, etc.
S'il existait un Dieu, tout devrait l'attester :....
Moi-même, qui le nie, en pourrais-je douter ?
Barême n'a jamais rencontré d'incrédule, etc....
Fragment 1.

Ecoutons maintenant notre poëte répondre à la nécessité politique de la croyance d'un Dieu. Lisez Fragm. 9, 12, 17, 21, 49. V. p. 1..

Entraînés par le plaisir de suivre des idées, sinon vraies, au moins concises, nettes et fortes, et sur-tout exprimées en beaux vers, nous ne finirions pas nos citations. Nous invitons nos lecteurs à chercher dans l'ouvrage même, les conseils que ce poëte donne aux mères, (Frag. 19) les principes de tolérance qu'il tâche d'inspirer (Frag. 30.) aux hommes toujours si prompts et si passionnés dans leurs jugements, et cependant si peu sûrs de leurs connaissances. L'éloge ironique qu'il fait (Frag. 13) de l'unique divinité du monde, de l'Or : la peinture plus sincère, mais sans doute trop flattée qu'il trace du véritable athée, de celui que sa raison a convaincu et que ses passions n'ont pas entraîné ; (Fragm. 19 et 20) mais nous avons parlé de son goût pour la vertu, il faut faire connaître à nos lecteurs dans quels termes il en parle. Il faudrait mettre aussi sous leurs yeux le tableau charmant qu'il a crayonné de la médiocrité, de cet état qui devient une vertu quand il est de choix, et qui est le gage de presque toutes les autres, parce qu'on ne s'y arrête qu'avec un cœur pur et un jugement sain, lorsqu'on a sçu apprécier les faux biens dont les méchants et les insensés s'enivrent.

Qu'est-ce que la vertu?... pésant dissertateur!
La réponse doit être écrite dans ton cœur!
Fragment 42.

Compagne de la paix, gardienne des vertus,
O médiocrité! etc....
Fragment 31.

Et terminant cet extrait, résultat d'une lecture réfléchie de Lucrèce et de Sylvain, nous devons à la vérité d'avouer qu'ils ne nous ont laissé que deux regrets; le premier, que deux ouvrages semblables soient restés imparfaits; le second, que leurs auteurs n'aient point consacré leurs talents à des sujets plus *édifiants*.

Extrait des Mémoires secrets de la république des lettres.

25 Janvier 1786.

Voici un ouvrage qui, quoi qu'imprimé depuis plusieurs années, vu son excessive rareté, nous était absolument inconnu. Il a pour épigraphe : *Ad maj....*, et pour titre : *Fragments d'un poëme moral sur Dieu* 1781. Il mérite d'être classé dans nos notices comme marqué à un coin d'originalité, qui le distingue de la foule de tant d'autres dont on est inondé.

C'est un traité d'athéisme, où il est prêché avec la plus grande hardiesse; il y a même des choses très-fortes contre les rois et l'autorité. Au reste, le moderne Epicure n'est point un libertin licencieux, voulant ériger les passions en divinités, et les substituer à l'Etre suprême. C'est un sage aimable et sensible, qui désire dégager l'homme du fanatisme, de la superstition et des préjugés qui le rendent malheureux, pour leur substituer la vérité, la raison et la vertu.

Du reste, les raisonnements les plus irrésistibles de l'athéisme sont employés par ce disciple de Spinosa, revêtus de toute l'éloquence et de toute la séduction d'une poésie nerveuse et tendre tour-à-tour. Il est fâcheux que l'auteur, doué de beaucoup de talents, ait eu la paresse de ne pas lier ces fragments, au nombre de cinquante....

On attribue ces fragments à un jeune philosophe, dont on connaît déjà des poésies remplies de graces et d'imagination; il semblait prévoir dès ce temps-là les persécutions qu'il essuierait, s'y résigner d'avance, et les braver.

Pag. 60 et 61, t. 31, 1788.

Autorités graves en faveur de l'Athéisme.

« Si j'étais Magistrat, et que la loi portât
» peine de mort contre les Athées, je ferais
» pendre comme tel, celui qui viendrait
» m'en dénoncer un autre. »

J. J. ROUSSEAU.
Note de la Nouvelle Héloïse.

Les hommes ne doivent jamais punir des offenses faites uniquement à Dieu.

Idem. Cinquième lettre de la Montagne.

Ce n'est pas une petite affaire de connaître que Dieu existe.

Idem. Emile, tome III.

» *Quicumque cum ratione ac verbo, vixere,*
» *Christiani sunt, quamvis athæi.* » S. JUSTIN.
Martyr. seconde Apologie, pag. 83.

» Dieu non-seulement ne peut punir un
» athée de bonne foi, qui dogmatise contre
» la Divinité; il lui doit récompense : car il
» suit la loi éternelle et immuable, qui oblige
» l'homme, sous peine du plus grand péché
» mortel qu'il puisse commettre, d'agir selon
» le *Dictamen* de sa conscience. »

JURIEU, *ministre protestant.*

» *Non est philosophi recurrere ad Deum.* »
axiome latin.

» Si, dans une république où l'on ne con-
» naîtrait point de Dieu, quelque citoyen
» en proposait un, je le ferais pendre. »

HOBBES.

Les philosophes sont ordinairement athéistes.
VANINI.

De toutes les erreurs, la plus dangereuse,
c'est l'erreur divinisée.

Le Chanc. BACON.

Il n'est point vrai que ce soit plaire aux
tyrans, que d'enseigner des maximes qui tendent à effacer du cœur de l'homme les impres-
sions de la religion. L'histoire nous fournit
mille et mille exemples de l'utilité que les
princes ont tirée des superstitions du peuple...

BAYLE, Dict.

.... Cette espèce d'athéisme (c'est-à-dire
de ceux qui tout à plat nient la Déité, et par
discours veulent résoudre n'y avoir point du
tout de Dieu.) première, insigne, ne peut
loger qu'en une ame extrêmement forte....
Certes, il semble qu'il faut autant et (peut-

être plus de force et de roideur d'ame à rebuter et résolument se dépouiller de l'appréhension et créance de Dieu, comme à bien et constamment se tenir à lui.

CHARRON, Traité des trois Vérités.

Ubi tres medici, quatuor athei.

Proverbe latin.

On ne voit pas que Caton d'Utique, cet homme si parfait, se soit appliqué à connaître la Divinité, et à lui rendre quelques devoirs.

Hist. de la philosophie payenne.

Un athée peut être homme de bien, moralement parlant. LEIBNITZ.

L'idée de Dieu n'est point innée. LOCKE.

Un an de guerres civiles de César et de Pompée a fait plus de mal à la terre, que n'en pourraient faire tous les athées ensemble pendant toute l'éternité.

VOLTAIRE.

Dieu n'est pas même un être de raison.
LAMETTRIE.

Celui qui ne croit point en Dieu, n'en est que plus obligé d'être homme de bien.

DIDEROT, *fils naturel.*

Pour être convaincu qu'il y a du profit à être vertueux, il n'est point nécessaire de croire en Dieu.

Idem. Essai sur la vertu.

Une société d'athées pratiquerait les actions civiles et morales; ils renonceraient aux voluptés du corps, et ne feraient tort à personne.

BAYLE.

S'il est des athées de système, leur système est mieux lié que celui des Déistes.

l'abbé TRUBLET.

L'athéisme, système d'une classe de philosophes, qui ne sont ni atrabilaires, ni méchants.

G. T. RÉYNAL.

La plus grande atteinte qu'on puisse porter à la liberté naturelle des hommes, a été de supposer un Dieu.

Dialogues sur l'ame, 1771.

etc. etc. etc.

UN MOT
SUR L'ORIGINE D'UN DIEU.

Quel fut le téméraire ou l'insensé qui, le premier, osa faire un Dieu à la ressemblance de l'homme ? Cette conception hardie coûta cher à l'espèce, et eut les plus fatales conséquences. C'est à cette époque que naquit la superstition et le despotisme, qui en est la suite. L'âge d'or fut sans doute ce temps heureux pendant lequel les hommes, guidés par le bon sens et l'expérience, prenaient la précaution de marquer, par des monuments aussi simples que leurs mœurs, les différentes révolutions de la nature, afin de se les rappeler au besoin, soit pour éviter une calamité, soit pour mettre à profit une circonstance favorable. Moins sages qu'eux, leurs descendants perdirent peu-à-peu le vrai sens, la véritable tradition de ces monuments. L'imagination fit des conjectures, et brouilla tout, en voulant tout expliquer; delà, toutes ces monstruosités politiques et religieuses.

Dans l'origine, on ne comptait que trois Muses : la ville de Sicione chargea trois artistes d'en faire chacun les trois statues, afin de choisir la plus belle de chacun d'eux. Les neuf statues se trouvant exécutées également bien, plurent tellement, qu'on les plaça toutes dans le temple d'Apollon.

Ainsi, la plupart des divinités dûrent leur existence et leurs autels à la main des hommes; ainsi le ciel fut peuplé par les enfants de la terre. Le premier des Dieux que le peuple adora ne fut peut-être qu'une statue où le génie d'un grand artiste avait imprimé ce *beau idéal* dont on chercherait en vain le modèle ailleurs que dans l'imagination.

UN MOT SUR LES PRÊTRES.

Il n'y a point de héros (dit-on) pour leurs valets-de-chambre.

On pourrait dire aussi, par la même raison, qu'il n'y a point de Dieux pour les prêtres.

Il existe une vieille moralité anglaise qui n'est pas tout-à-fait insignifiante :

— Dieu (dit-elle) *est un bon homme.*

Hélas! cela n'est que trop vrai; (s'écrieront les bons, en soupirant.) Et voilà pourquoi nous sommes dupes.

Dieu est un bon homme (diront les méchants, en secouant la tête) nous ne risquons rien; soyons frippons tout à notre aise.

En tout cas, si Dieu est un bon homme, ses ministres ne sont rien moins que de bonnes gens.

DIEU ET LES PRÊTRES.

FRAGMENTS D'UN POËME PHILOSOPHIQUE.

INVOCATION OU PRIÈRE A DIEU.

O toi, dont l'existence est encore un problême;
Toi, qui de l'univers es peut-être l'emblème;
Toi, que tout doit prouver, que tout peut démentir,
DIEU! j'ose te nier, plutôt que t'avilir.
J'ai vu combien ton nom sanctifiait de crimes;
Combien, sur tes autels, on frappait de victimes :
Indigné, j'ai rougi de l'erreur de mes sens;
J'ai déserté ton temple, et repris mon encens.

PREMIER PROLOGUE.

Des coupables plaisirs sectateurs insensés !
Des folles passions esclaves abusés,
Gardez-vous de penser que ma muse novice
Daigne vous élargir la carrière du vice.
Je n'écris pas pour vous; ma morale à vos yeux,
O mortels abrutis, paraîtrait exaltée ;
Pour votre châtiment, je vous laisse à vos Dieux :
L'homme vertueux, seul, a le droit d'être athée.

DEUXIEME PROLOGUE.

Peut-être, j'aurais pu, prostituant ma lyre,
Me livrer sans pudeur au plus honteux délire,
Et, chantre complaisant de ses tristes excès,
Mériter chez le riche un favorable accès.
Si de l'ambitieux j'eusse suivi la trace,
Près d'un nouveau Séjan j'aurais pu trouver grace,
En baisant le premier sa criminelle main,
En polissant les fers qu'il donne au genre humain.
Je pourrais, à l'abri d'une double doctrine,
Prêcher aux nations l'existence divine
Que je désavouerais au sein de mes amis :
Le prêtre à ses secrets sans doute m'eût admis.
Loin de moi ces détours dont un autre s'honore.
Sur l'autel de l'honneur, ma muse, vierge encore,
Se consacre à ton culte, ô sainte Vérité !
Dans ton temple désert, par la foule insulté,
J'aurai peu d'auditeurs et peu de renommée.
Qu'importe au philosophe une vaine fumée ?
Auguste Vérité, sois l'ame de mes vers ;
Je plaiderai pour toi contre tout l'univers.
Remplaçant un Dieu nul ou complice des crimes,
Au défaut de la foudre, on entendra mes rimes
Tonner sur le mensonge, écraser ses auteurs.
Des préjugés sacrés méprisables fauteurs,
Vous n'échapperez pas à ma muse outragée.
Redoutez la raison, de vos nœuds dégagée.
A la postérité je veux vous dénoncer . . . . . !
Déjà, je vous entends tout bas me menacer :
Malheur, malheur au sage entre les mains du prêtre !

Le prêtre, en se vengeant, goûte tous les plaisirs.
Oui ! je le sais... Eh bien !... L'erreur eut ses martyrs;
De la philosophie, à mon tour, je veux l'être.
  Vertueux *Spinosa*, le fer d'un assassin,
Bien loin de ralentir ton généreux dessein,
T'enflamma davantage ; et ton ame aggrandie
Se frayant une route encore plus hardie,
D'une seule substance alors tu fis l'aveu,
Osas la démontrer, et l'univers fut Dieu.

TROISIÈME PROLOGUE.

  ART sublime des vers, que nos dévots ayeux,
Dégradaient sous le nom de *langage des Dieux*.
De la vérité sainte éloquent interprète !....
Que ma lyre brisée à jamais soit muette,
Si je te prostitue au culte des autels ;
Si par ton ascendant j'abuse les mortels ;
Si de leurs préjugés, de leur vieille folie,
Je te rends la complice, auguste Poésie.
Embellir la raison, et faire aimer sa loi,
Voilà ton but ; le reste est indigne de toi :
Je veux te rappeler à ta noble origine.
  Muses, qui trop souvent sur la double colline,
Sans choix, avez admis les plus vils imposteurs,
Et qui leur prodiguez vos coupables faveurs ;
Aux seuls amis du vrai, désormais indulgentes,
Ne prêtez qu'à leurs mains vos armes triomphantes,
Et sur l'autel détruit du préjugé vaincu
Consacrez vos talents à la seule vertu.

QUATRIEME PROLOGUE.

Dieu fort, Dieu des combats, accepte le cartel,
Qu'en champ clos, corps à corps, te propose un mortel.
Lève-toi ! prends ton foudre ! écrase un sacrilège....
Ne crains rien ; dors en paix : Dieu bon, ce n'est qu'un piège.
Crois-moi ! fuis le grand jour ! dans l'ombre est ta vertu.
Il faut, pour croire un Dieu, ne l'avoir jamais vu.
Végète dans les cieux, et pour régir les mondes,
Repose-toi toujours sur les causes secondes.

   Plus riche que Crésus, je possède un ami ;
Mais il est malheureux, mon bonheur est fini.
Pardonne-moi, Dieu bon ; l'amitié toute en larmes
Embrasse tes autels. Dissipe mes alarmes,
Sors de ton inertie et sois juste une fois.
Tout l'univers, dit-on, tremble au son de ta voix ;
Dis un mot, fais un geste, et découvre ta face....
Ou du moins laisse-moi prendre un moment ta place....
Je suis Dieu... scélérats, lâches persécuteurs,
Tremblez ! Toi, mon ami, taris enfin tes pleurs....
Trop douce illusion ! que faut-il que j'espère ?
Mon ami soupire encore, et le crime prospère !....

PREMIER FRAGMENT.

» Monde, qui t'a créé ? Soleil, qui t'alluma ?
» A qui dois-tu la vie, Homme ? qui te forma ?
» L'univers aurait-il le hazard seul pour cause ?
» Le hazard n'est qu'un mot.... »
        Dieu, qu'est-il autre chose ?
Rien ne naît ; rien ne meurt : tout, nécessairement,
Tout existe, soumis aux jeux du changement ;
Tour-à-tour, la matière autrement disposée,
Végète dans la plante, en l'homme est la pensée :
Tout s'attire, se pousse ; et, dans le même objet,
On trouve, en même-temps, un principe, un effet :
Par son propre ascendant, la nature sur elle
Agit, et prend sans cesse une forme nouvelle :
Les éléments, amis et rivaux à la fois,
Tendent au même but, par de contraires loix.
Pour le maintien de l'ordre, on voit régner la guerre ;
L'attaque et la défense observent sur la terre
L'équilibre parfait et du bien et du mal ;
Et la vie et la mort, tout est de poids égal.
Du plus fort le plus faible est partout la victime :
Telle est de l'univers la marche illégitime.

Dans un dilemme obscur, Docteur inconséquent,
Viens me parler d'un Dieu, d'un Etre intelligent,
Qui fit tout pour le mieux, maître de sa matière.
» Il existe, sans doute, une cause première ;
» Tout dit : il est un Dieu ; tout, sur la terre, aux cieux ;
» Des saisons et des jours l'ordre miraculeux ;

» Des Etres opposés l'étonnante harmonie ;
» Du plan qui règle tout la sagesse infinie.
» Marche d'un pôle à l'autre, et du sommet des monts
» Descends, hardi mortel, aux abîmes profonds ;
» Tout montre à nos regards, tout crie à nos oreilles
» Qu'il est un Dieu, l'auteur de toutes ces merveilles. »

S'il existait un Dieu, tout devrait l'attester :
S'il existait un Dieu, pourrait-on en douter ?
Euclide a-t-il jamais rencontré d'incrédule ?
Barême eut-il jamais besoin de sa férule,
Pour prouver qu'un triangle a toujours trois côtés ?
Ou bien que deux plus deux valent quatre unités ?
S'il existait un Dieu, tout serait bien sans doute :
Près du bien est le mal ; en foule sur ma route,
Les craintes, les ennuis, sous mille aspects divers,
Me font une prison de ce bel univers.
S'il existait un Dieu, les jours heureux d'Astrée
Luiraient sans doute encor sur la terre éplorée.
Eh ! quoi ! sous l'œil d'un Dieu, le vice est ennobli,
Et le sage à l'écart végète dans l'oubli !
Les transports généreux du fier patriotisme,
Font place aux froids calculs du stérile égoïsme !
Eh, quoi, sous l'œil d'un Dieu, l'intérêt régit tout,
Et la vertu modeste inspire le dégoût !
S'il existait un Dieu, confessé par Socrate,
Ce Dieu l'aurait sauvé de sa patrie ingrate.
S'il existait un Dieu, Néron serait-il né ?
. . . .
S'il existait un Dieu ; tant de vils fanatiques,
Tels que des charlatans dans nos places publiques,
Iraient-ils en son nom vendre leurs talismans,

Etouffer la raison sous leurs raisonnements,
Tromper la bonne foi du peuple trop crédule,
Et le voir à leurs pieds trembler sous leur férule ?
S'il existait un Dieu, les peuples sans erreurs,
D'un culte universel lui rendraient les honneurs,
Et près du même autel, toujours d'intelligence,
Béniraient sa bonté, chanteraient sa puissance.
S'il existait un Dieu, le coupable opulent,
Oserait-il fixer d'un regard insolent
L'homme juste opprimé, le sage qui, pour armes,
N'a que son propre cœur, l'innocence et ses larmes ?
Envain m'oppose-t-on les loix de l'avenir :
Pourquoi permettre un crime ? est-ce pour le punir ?
Un Dieu se plairait-il à compter des victimes ?
Il eût été plus grand de prévenir les crimes :
Quel que soit l'avenir, en ce terrestre lieu,
La vertu malheureuse atteste contre un Dieu.

II.

En admettant un Dieu, pour moi, dans la nature,
Tout confond la raison, tout est énigme obscure :
Je ne sais d'où je viens, qui je suis, où je vais :
Un cercle journalier de peines, de bienfaits,
Dans un doute cruel tient mon ame flottante.
Nés d'hier, nous perdons le présent dans l'attente
D'un avenir caché dans la profonde nuit.
Je cherche Dieu partout ; et partout il me fuit.
Laissons ce Dieu, s'il craint de se faire connaître.

Pour exister, le monde a-t-il besoin d'un maître ?
Le vase était argile, avant d'être au potier.

La matière est avant la forme et l'ouvrier.
Si la nature existe, elle existe par elle :
Son mode peut changer, mais elle est éternelle.
Si tenant tout de lui, le monde est sans auteur,
Il est, en même tems, lui-même son moteur.
En vain je me plaindrais ; inutile murmure !
Tout est ce qu'il doit être au sein de la nature.

III.

Choisis : ou l'univers lui-même est son moteur ;
Ou son auteur, sans fin, lui-même eut un auteur.
» Non, (répond un Théiste) ; existant par lui-même,
» Nécessaire, absolu, l'ordonnateur suprême,
» Riche assez de son fond, immense en son pouvoir,
» Donne naissance à tout, mais sans la recevoir. »

Théiste inconséquent ; eh bien ! à la matière
Pourquoi refuses-tu cette puissance entière ?
Ce Dieu qu'avec effort tu fais intervenir,
Double l'obstacle encor qu'il fallait applanir.
Et pourquoi l'univers, ce grand Tout plein de vie,
N'existerait-il pas par sa propre énergie ?
Connais-tu la matière et ses propriétés ?
Passive, inanimée à tes yeux hébêtés,
Avant de la juger, de lui donner un maître,
Docteur à courte vue, il faudrait la connaître.
Quel est donc cet esprit agissant sur les corps,
Combinant, dirigeant leurs plus grossiers ressorts ?
Est-ce la main d'un Dieu, qui, pesant sur la pierre,
La chasse et précipite au centre de la terre

Est-ce la voix d'un Dieu, qui dit au loup cruel
D'attaquer la brebis, ou le berger fidel?

   Tente l'expérience ; observe la nature ;
Devine les secrets de sa méthode obscure ;
Des arts mieux cultivés prends en main le flambeau ;
Dans l'univers connu cherche un monde nouveau ;
Et, n'admets pas un Dieu, père de toute chose,
Si la matière peut se passer d'une cause.
» *La matière sans cause !.....* » en admettant un Dieu
La même objection peut encore avoir lieu.
Un Dieu sans cause est-il plus facile à comprendre?
» CAUSE *et* DIEU *n'est qu'un mot....* »
                                mot qu'il faudrait entendre.....
L'univers est sa cause ; il n'est rien hors de lui
C'est vouloir l'obscurcir que la mettre en autrui.
La matière est partout ; où Dieu pourrait-il être
Hélas ! nous chercherions en vain à le connaître;
Impalpable, inodore, invisible, et muet,
Il échappe à nos sens et cache ce qu'il est.
Ou Dieu n'existe pas ; ou bien, son existence
Est un fruit défendu pour notre intelligence.

I V.

O TOI ! le souverain du monde planétaire,
Astre majestueux qui fécondes la terre,
Sans te mouvoir, Soleil qui meus tout, es-tu Dieu?
Non ; tu n'es qu'un foyer de lumière et de feu.
Astre plus doux, et toi, des nuits reine paisible,
Dont le pâle flambeau plait à l'amant sensible ;
Toi qui brilles, dit-on, d'un éclat emprunté,

Tu prétends encor moins à la divinité.
Feux sans nombre, habitants de la voûte azurée,
Etes-vous Dieux aussi ? Toi, profond empirée !
Quand le peuple sur toi lève en tremblant les yeux,
Ciel, le dernier de tous, lui caches-tu des Dieux ?
Non.... l'Etre qu'on adore est l'ame universelle;
La nature agissante en fournit le modèle....

V.

La nature a daigné s'expliquer par ma voix....
» Quel est-il ce fantôme usurpant tous mes droits ?
» Quel est ce créateur, cette cause première,
» Ce Dieu très-haut, très-bon, qu'on dit être mon père ?
» En quel temps, en quel lieu, lui dois-je ce bienfait ?
» Quel est-il, celui-là, qui de rien a tout fait ?
» Ce Dieu, je l'avouerai, me surmonte en puissance.
» Mon pouvoir, il est vrai, se borne à l'existence :
» Mais je date mes droits de toute éternité ;
» Je suis, et je serai ; car j'ai toujours été.
» Il n'est rien hors de moi ; je remplis tout l'espace :
» Je suis tout : Dieu, qu'est-il ? quel Etre me surpasse ?....
» Dieu n'est encor que moi, sous un nom différent.
» Dans ta folle pensée, ô mortel ignorant !
» Pourquoi m'as-tu voulu distinguer de moi-même ?
» La nature n'est qu'un : pourquoi dans ton système,
» Me donner un auteur pris lui-même en mon sein ?
» Et chercher dans le cercle un principe, une fin ?
» Reviens, enfant ingrat ! qui méconnais ta mère
» Reviens à la nature; abjure ta chimère.
» Mortel! connais tes droits ; reprends ta dignité;
» Partage les honneurs de la divinité.

» Chaque Etre est, tour-à-tour, créateur, créature.
» L'homme, plus que tout autre, aimé de la nature,
» Est tout ce qu'il veut être ; et s'il lui faut un Dieu,
» L'homme sans-doute à l'homme en pourrait tenir lieu.

VI.

Sous l'œil de la nature et l'aile des amours,
Le mortel fortuné coula ses premiers jours :
Il ignora long-temps les vertus et les vices ;
De la seule innocence il connut les délices.
Sans prévoir l'avenir, satisfait du présent,
Ses vœux étaient bornés, son cœur était content.
Le travail, le repos lui formaient une chaîne
Que la mort, à pas lents, venait rompre avec peine ;
Sans en chercher la cause, il goûtait le bonheur.

    Tout s'altère, tout change ; et le temps destructeur
Elève pour abattre, abat pour reconstruire.

    A l'école du tigre, un homme osa s'instruire :
Plus fort que son semblable, il lui donna la loi,
Mit la main sur sa gerbe, et dit : elle est à moi....
Pour rentrer dans son champ, le faible usa d'adresse;
Suivi de ses voisins, que son sort intéresse,
Il court au ravisseur, et le faible est vengé :
Le vaincu fut esclave, et l'homme est outragé.
A la voix du plaisir les familles unies,
Sous un abri commun, jadis, vivaient amies :
Le cri de l'intérêt changea ces doux liens,
Et d'amis, les mortels devinrent citoyens.
D'entr'eux le plus hardi prit sa place à leur tête ;

Ses égaux subjugués par le droit de conquête,
En lui virent un maître et bientôt un tyran.
Quelques-uns, offensés et jaloux de son rang,
Encor peu faits au joug, éclatent en murmure,
Et rappèlent trop tard les loix de la nature.....
» Rebelles, taisez vous! (leur crie un imposteur),
» Tremblez! il est un Dieu: des rois c'est le vengeur:
» Le ciel est son séjour; le monde est son ouvrage:
» Il marche sur les vents, il commande à l'orage;
» Le tonnerre qui gronde annonce son pouvoir;
» C'est lui qui fait les rois: rentrez dans le devoir ».
Comme il parlait encor, la foudre étincelante
Par ses coups redoublés augmentait l'épouvante:
La terre au loin tremblait; la nue était en feu:
Où fuir? où se cacher? que faire?... On crut un Dieu.
　Que de maux va causer l'erreur de vos ancêtres!
Jouets entre les mains des tyrans et des prêtres,
Peuples, vous-même un jour, au nom des immortels,
On vous entraînera devant leurs saints autels:
Sous un couteau sacré, victimes innocentes,
Vous subirez le sort de vos brebis sanglantes.

VII.

Séjour religieux, majestueuse enceinte,
Temple de la nature habité par la crainte,
Forêts! dont l'épaisseur nous dérobe les cieux:
L'homme, dans votre sein, conçut ses premiers dieux.

VIII.

Des grands législateurs on vante la méthode ;
Ils se créaient des dieux pour parler en leur nom :
C'est un trait de génie.... en est-ce un de raison ?
Il est bien plus aisé de faire un Dieu qu'un code.

IX.

» S'il n'est point d'avenir, quelle est notre espérance ?
» Sans lui, de nos vertus quelle est la récompense ?
» L'espoir d'une autre vie est un motif pressant,
» Qui retient le coupable, anime l'innocent :
» Cette vie est trop courte aux grands projets du sage ;
» Pour un monde plus beau, ce monde est le passage. »
Sans croire un avenir, l'homme de probité
Peut prétendre aux honneurs de l'immortalité :
Eh ! qu'importe pour lui qu'il soit pure matière,
Que l'ame avec le corps périsse toute entière ?
Le souvenir flatteur des grandes actions
Vit éternellement parmi les nations.
. . . .
. . . .
De la postérité les regards consolants
Font germer dans nos cœurs les vertus, les talents.
L'homme de bien se dit : « Si, pendant cette vie,
» Je ne peux éviter les poisons de l'envie ;
» En Socrate nouveau, vengé par mes neveux,
» Un jour, j'aurai pour moi tous les cœurs vertueux.
» En prononçant mon nom, sous sa triste chaumière,

» L'innocent qu'on opprime oubliera sa misère.
» Le père à ses enfants transmettra mes écrits :
» Long-temps après ma mort, utile à mon pays,
» On viendra sur ma tombe épandre quelques larmes.
» Pour moi quel avenir peut avoir plus de charmes ? »

X.

Mais s'il existe un Dieu, que deviendra l'Athée ?
Comment soutiendra-t-il l'heure tant redoutée
Où les méchants, sortis de la nuit du tombeau,
Ne verront dans leur Dieu qu'un éternel bourreau ?
Que pourrait il répondre à son juge suprême
Qui daignerait ainsi l'interroger lui-même :
« Peux-tu douter encor, mortel audacieux ?
» Aveugle opiniâtre, enfin ouvre les yeux.
» Trop long-temps, fils ingrat ! tu méconnus ton père ;
» Tremble ! je ne suis plus que ton juge sévère.
» Dans mon temple jamais tu n'as brûlé d'encens ;
» A mes prêtres jamais tu n'offris de présents :
» Je veux bien un moment retenir ma vengeance,
» Ou plutôt, te punir à force de clémence :
» Pour te justifier, mortel, que diras-tu ?.... »
J'ai pu douter d'un Dieu ; mais non de la Vertu.

XI.

Quand on m'attesterait la suprême existence
D'un juge qui punit, d'un Dieu qui récompense ;
Quand à mes yeux frappés, l'enfer et tous ses feux
Viendraient réaliser leurs tourments fabuleux ;
Séjour de l'âge d'or, quand l'aimable Elisée,

Peuplé de ses houris, sur mon ame abusée
Tenterait le pouvoir de leurs divins appas;
Aux pieds des saints autels, on ne me verrait pas
Mendier bassement la clémence d'un maître :
Sans braver son empire, et sans le reconnaître,
Ne craignant rien du soir, usant bien du matin,
De mes seules vertus j'attendrais mon destin.

XII.

« Jeune présomptueux, sans en rougir, adore
» Un Dieu, le même Dieu qu'adorait Pithagore,
» Confutzé, Zoroastre, et Descarte et Newton :
» Aime le Dieu qu'aimait le tendre Fénélon »
Ulysse, chez les Grecs, des héros le plus sage,
D'un insensé long-temps joua le personnage :
Le peuple est un enfant qu'on doit se rendre ami :
Il faut, pour l'élever, descendre jusqu'à lui,
Encenser son hochet, embrasser ses chimères,
Et lui couvrir de miel les vérités amères.
Un jour viendra sans doute, et ce jour est bien près,
Qu'on pourra le guérir sans tous ces vains apprêts.....
Rompons, il en est temps, un silence coupable.
De Socrate bravons le supplice honorable.....
De tous ses préjugés l'homme est prêt à rougir :
De sa trop longue enfance, il veut enfin sortir :
Il se lasse du joug, il s'agite, il murmure;
Il ose en appeler aux droits de la nature.
Eh bien! par nos écrits, et sur-tout par nos mœurs,
Dans le chemin du vrai soyons ses précurseurs.

XIII.

Il est un Dieu, sans doute, à qui tout est possible :
A ses rares vertus tout mortel est sensible :
Du sceptre à la houlette, en honneur en tous lieux,
Ce Dieu le mieux servi, père des autres Dieux,
Compte aussi ses martyrs et même a ses miracles ;
Sa présence fait taire ou parler les oracles :
Qui touche à son autel est guéri de ses maux ;
Comblé de ses faveurs, on n'a plus de défauts :
Ses plus chers favoris peuvent tout sans scrupule :
Ce Dieu n'a pas encor rencontré d'incrédule :
Tout célèbre, à l'envi, cette Divinité :
La vertu, les talents, et même la beauté
Ne valent que par lui, sans lui sont peu de chose :
De tout ce qui se fait c'est la première cause ;
L'homme dans le néant sans lui serait encor....
Fléchissez le genou, mortels ! ce Dieu, c'est l'or.

XIV.

Oui, si c'est une erreur de méconnaître un Dieu,
Un père actif et bon, qui, présent en tout lieu,
Voit ses enfants périr, sans leur fermer l'abîme ;
Cette erreur est d'un sage, et ne peut être un crime.

XV.

Sans doute, il fut un temps, appelé l'âge d'or,
Où l'homme pour son Dieu n'avait que la Nature,
Et coulait une vie aussi douce que pure....
Pour le sage éclairé, ce temps existe encor.

XVI.

La mort près de la vie ; un plaisir, mille maux ;
La terre s'abreuvant du sang des animaux ;
La verge des tyrans et le couteau des prêtres ;
Les préjugés, aux fils, transmis par leurs ancêtres ;
La sagesse toujours en guerre avec les sens ;
La disette à côté des besoins renaissants ;
Les ris du crime heureux ; les pleurs de l'innocence :
Tout atteste d'un Dieu la malice ou l'absence.

Du mal sous un Dieu !.... Prêtre ! au sage, sans courroux
Explique cette énigme ; il tombe à tes genoux.

XVII.

S'il nous fallait des Dieux pour être nos modèles,
Dans le chemin du vrai nos conducteurs fidèles,
Que ne choisissions-nous un Socrate, un Caton ?
Ces Dieux ne seraient point un fantôme, un vain nom.
. . . .
. . . .
Des fourbes, des tyrans, oseraient-ils jamais,
Sous ces noms trop connus, tramer leurs noirs forfaits ?
Un roi vindicatif, au nom d'un Dieu colère,
Aux paisibles mortels jadis faisait la guerre :
Mais aujourd'hui le peuple, au grand nom de Brutus,
Laisse là tous les saints, pour prendre ses vertus.

S'il nous fallait un Dieu, ne pouvions-nous sans crime,
Rendre à l'amour honnête un culte légitime ?

B

O ! vous, qui de nos jours réalisez encor
Le fabuleux récit de l'antique âge d'or,
Peuples d'Otaïti, fortunés insulaires !
Qui vivez sans docteurs, sans faisceaux consulaires ;
Dans vos heureux climats seule divinité,
L'amour a pour autel le sein de la beauté.
Ce n'est point, parmi vous, ce n'est point un blasphême,
De croire que l'amour est Dieu, ce Dieu lui même,
Qui reçut des mortels, en tous temps, en tous lieux,
Sous des noms différents, et l'encens et les vœux.
C'est lui qui du néant fit jaillir l'existence ;
La matière par lui reçut l'intelligence ;
Par lui le mouvement remplaça le repos ;
L'harmonie à sa voix régna dans le cahos :
Sa main qui régit tout, et par qui tout commence,
Tient le premier anneau de cette chaîne immense,
Où, l'un à l'autre unis, tous les êtres divers
Observent, sous ses loix, l'ordre de l'univers.
C'est une vérité qu'il n'est plus temps de taire ;
Oui ! l'amour est le Dieu, le seul Dieu de la terre.

XVIII.

BELLES ! où courez-vous, dès le lever du jour ?...
Eh, quoi ! vous connaissez d'autres Dieux que l'amour !...
L'amour et son bandeau, Vénus et sa ceinture,
Du flambeau de l'hymen la flamme égale et pure,
Voilà les seuls objets dignes de votre cœur.
Qu'allez-vous faire aux pieds d'un prêtre suborneur ?....
Si l'on vous interdit l'arbre de la science ;
Conservez sans regret votre douce ignorance,
Gardienne des vertus et mère des plaisirs.

A des jeux innocents consacrez vos loisirs,
Et dédommagez-nous des maux du fanatisme.
Sous votre empire aimable on ne voit aucun schisme.
On doute.... on doute encor de la divinité :
En tout temps, en tous lieux, on crut à la beauté.

XIX.

Chef-d'œuvre délicat, élégant et fragile ;
Sexe doux, mais crédule ; indulgent, mais facile,
Qui ne devrais avoir que l'Amour seul pour Dieu ;
O toi ! qui seule à l'homme, en pourrais tenir lieu,
Dans les mains de l'erreur argile obéissante,
Femme ! des préjugés nourrice complaisante ;
C'est en suçant ton lait, que l'enfant au berceau,
Grave le nom d'un Dieu dans son faible cerveau.
Son premier directeur est la voix de sa mère.
Dès qu'il peut bégayer, la Bible est sa grammaire ;
Menacé de l'enfer, il se signe de peur :
Ainsi la piété germe au fond de son cœur.
Enfant, l'homme indécis, croit tout sans rien comprendre.
Il commence à douter dans un âge moins tendre ;
Mais par une main chère, imprimée en naissant
L'erreur de notre esprit s'efface lentement :
Il en reste toujours une trace légère.
Long-temps la vérité nous paraît étrangère.
Quand le mensonge impur a versé son poison,
Comment dans notre cœur faire entrer la raison ?
Mères tendres ! c'est vous, guides du premier âge,
C'est vous, sans le sçavoir, qui gâtez votre ouvrage.
A l'orner, le polir, appliquez tous vos soins ;
Rectifiez nos sens, veillez à nos besoins ;

Affermissez nos pas sur le seuil de la vie....
Mais n'allez pas plus loin ; votre tâche est remplie.
Sexe aimable ! attendez jusqu'au temps des amours,
Et laissez la raison nous prêter ses secours,
Ou pour la faire aimer ornez-la de vos charmes.
Ne nous inspirez pas vos frivoles allarmes :
Vous-mêmes partagez notre sécurité,
Et montrez-nous enfin moins de crédulité.

 La superstition vous doit son origine :
Sans peine la beauté parut chose divine :
D'entre vous la plus belle eut les premiers autels.
Mais la beauté périt.... et des Dieux immortels
Furent imaginés pour remplir votre place.
Votre empire détruit, dupes de cette audace,
O femmes ! on vous vit adorer à genoux
Un Dieu précaire et vain qui tenait tout de vous ;
Et l'erreur fut depuis, par vous accréditée.....
L'homme serait, sans vous, peut-être encore athée....

 Pourquoi cette frayeur ?.... vous fuyez à ce nom,
Qu'un Jacobin tondu, dans un piteux sermon,
Anathématisa par un pouvoir de Rome.
Ah ! bien loin d'être un monstre, un athée est un homme
Ami de la vertu, digne de votre cœur ;
Sans intérêt, fidèle à la loi de l'honneur.
Voyageur inquiet de sa route peu sûre,
Il prend pour marcher droit, la main de la nature.
En vain de tous côtés, des avides marchands
L'arrêtent pour lui dire : « entrez, entrez céans ;
» Vous ne trouverez point meilleure hôtellerie :
» Pour vous guider sans chûte aux portes de la vie,

» Nous sçavons un sentier que l'on ne connaît pas ;
» Regardez notre enseigne, et suivez tous nos pas ».
Peu crédule, l'athée en pitié les regarde,
Plaint celui qui, trompé, sur leur foi se hazarde.
Sans changer de Mentor, il chemine gaîment,
Et sa course achevée, il dort paisiblement.

 Plat courtisan d'un maître, imitateur servile,
Qu'un autre sur son Dieu moulant son ame vile,
Etre passif ou neutre, incapable de rien,
Ne fasse qu'en tremblant ou le mal ou le bien !
Le véritable Athée est un sage sensible.
L'amour de la vertu lui rend, seul, tout possible.
L'athée est toujours lui ; dans le fond de son cœur,
Est de ses actions le souverain moteur.
Trop éclairé pour croire à la vie éternelle,
L'athée à ses devoirs n'en est que plus fidèle.
Le sol qui le fit naître et qui le rend heureux,
N'est point un lieu d'exil, un séjour dangereux ;
Il y tient par des nœuds sacrés, inviolables,
Et goûte des plaisirs aussi purs que durables.
Le véritable athée y devient sage amant,
Epoux et père tendre, ami sûr et constant.
Le superstitieux déteste cette vie,
Et pour gagner le ciel il n'a point de patrie ;
Sur la terre il est seul ; il jouit malgré lui,
Et, s'il est conséquent, doit y sécher d'ennui.
Le superstitieux est un enfant crédule,
Qui, devant son régent armé d'une férule,
Répète, mot pour mot, son obscure leçon :
Tel fut l'homme sorti des mains de Vaucanson.

 D'un limon plus parfait, le véritable athée,

Plus sage en ses desseins, plus grand que Prométhée,
Ne va point allumer son flambeau dans les cieux,
Pour mériter le nom de fier rival des Dieux.
Nouvel Alcide, il rend le repos à la terre;
L'enfer cède sa proie au vainqueur de Cerbère;
D'un seul coup il abat l'hidre des immortels;
De son pied redoutable il frappe leurs autels,
Détruit leur culte vain, renverse leur statue,
Et la brise en morceaux sous sa forte massue.
Couché sur leurs débris, dans un doux abandon,
Il jouit de sa gloire au sein de la raison.
Mais son repos est court; une injuste rivale
Vient suspendre bientôt sa marche triomphale:
Il succombe en héros, et finit ses destins
Sur le bûcher ardent préparé de ses mains.

XX.

L'HOMME sans préjugés est bien près du bonheur:
La superstition ne trouble plus son cœur:
L'univers à ses yeux n'est qu'une république;
Il n'y reconnaît point, pour maître despotique,
Ce chimérique Dieu par le fourbe inventé,
Qu'adore avec effroi le vulgaire hébété.
Vertueux par penchant et sage par principe,
En rentrant dans son cœur lui-même il est son tipe.
Sans crainte et sans espoir, tranquille sur sa fin,
En aveugle il attend l'avenir incertain.
Il ne va point, muni d'un argument frivole,
Disserter gravement sur les bancs de l'école,
Ou, dans un sot écrit qui distile le fiel,
Venger sa propre cause en plaidant pour le ciel.

Bien loin de décider, son esprit qui balance
Reste neutre; il observe un modeste silence :
Pour éviter l'erreur, il aime mieux douter,
Et sçait le prix du temps qu'on perd à disputer.
Il sème les bienfaits aux champs de la misère :
D'orphelins délaissés il veut être le père.
Sur de riches autels s'il n'offre point d'encens,
S'il ne les charge point de vœux et de présents,
Loin d'avoir la ferveur de nos dévots ancêtres,
Il donne aux indigents ce qu'il refuse aux prêtres.
Le temple qu'il fréquente est le chaume isolé
Où son semblable pleure et n'est point consolé.
Sans croire un Dieu, du pauvre il est la Providence;
D'autres laissent au ciel le soin de l'indigence.

XXI.

Le sage est plus que Dieu : sur ce globe bizarre,
Les maux que Dieu permet, le sage les répare.
D'un souffle, en se jouant, Dieu créant l'univers,
Est moins que Régulus redemandant des fers.
Celui qui des Calas a plaidé la défense,
Est plus que Dieu laissant opprimer l'innocence.
A ses enfants ingrats N.... donnant du pain,
Est meilleur qu'un Dieu bon noyant le genre-humain.
En plaçant dans le ciel des héros leurs semblables,
Nos pères, tant grossiers, étaient-ils si coupables ?....
Nous devons des autels à qui nous rend heureux :
   Brutus, pour les Romains, fit plus que tous leurs Dieux

XXII.

Un père philosophe, un jour, mena son fils
Sur le sommet d'un mont, d'où le regard surpris
D'un horison immense embrassait l'étendue :
La nature semblait une vierge attendue
Dont le sein entr'ouvert offre, en les refusant,
Des trésors qui croîtront sous la main d'un amant,
Et seront fécondés sous l'œil de l'hymenée.
Des roses et des lis la saison ramenée
Sur leur trace attirait les volages zéphirs,
Et l'oiseau préludait à de nouveaux plaisirs.
La terre reposée, en un profond silence,
De son époux ardent convoitait la présence.
L'astre du jour paraît, et son large pinceau
D'un seul trait rend la vie à ce riche tableau.
Le jeune homme s'émeut ; par dégrés, il s'enflamme ;
Déjà l'enthousiasme a passé dans son ame.
« Eh bien !... » lui dit alors le père observateur.—
» Je suis ton fils : ce monde eut aussi son auteur ;
» Ce Dieu puissant et bon, dont me parle ma mère.... »
De malignes vapeurs ont chargé l'atmosphère ;
Des aquilons rivaux le choc impétueux,
Sous un ciel obscurci les sillons lumineux,
Le calme plus horrible encor que la tempête ;
Et du père et du fils tout menace la tête ;
Le tonnerre est enfin de la nue échappé....
Dans les bras de son fils, le père en est frappé.
Le fils murmure en vain, en vain se désespère...
Le fils devint athée, au trépas de son père.

XXIII.

Inutiles au sage, et peu craints des coupables,
A quoi servent les Dieux ? et quel but ont leurs fables?
J'en atteste l'histoire ; en quelle région
L'homme fut-il heureux par la religion ?
Depuis des milliers d'ans, à son culte fidèle,
Le mortel croit un Dieu, sur un Dieu se modèle ;
A toute heure, il l'adore ; il le voit en tous lieux ;
Ses regards constamment sont fixés vers les cieux ;
En est-il devenu plus éclairé, plus sage ?
Qu'imparfait est ce Dieu, si l'homme en est l'image !

XXIV.

Dans leurs temples obscurs abandonnez vos Dieux :
Mortels ! dérobez vous à leur joug odieux :
Rassemblez-vous ; venez, aux accents de ma lyre,
Avec moi partager un plus noble délire.
A des Dieux imparfaits préférez des héros,
Des patriotes purs, des sages sans défauts.
L'adultère Jupin, et le fourbe Mercure,
Valaient-ils, chez les Grecs, Aristide, Epicure ?
Les Dieux, par les Romains, placés au Panthéon,
Réunis, qu'étaient ils à côté de Caton ?
Nos personnages saints, dont nous chomions la fête,
Nos docteurs, nos martyrs, et Jésus à leur tête,
Comparés à Descarte, ou mis près l'Hospital,
Qu'ils deviendraient mesquins ! qu'ils se soutiendraient mal!
Amis ! n'admettons pas tous ces Dieux subalternes,
Sur tout leurs vils fauteurs, dans nos temples modernes.

Laissons-les dans les cieux chanter trois fois *Sanctus*,
Et ne dressons d'autels qu'aux humaines vertus.

XXV.

Loin des bancs de l'école, élevés sous ses yeux,
Qu'un père à ses enfants taise qu'il est des Dieux :
Par la nature instruits, ses enfants, avec l'âge,
De toutes les vertus feront l'apprentissage ;
Ils connaîtront l'amour, la sublime amitié,
Et la grandeur de l'ame ; et la tendre pitié :
Mais loin de soupçonner une cause première,
S'ils dressent des autels, leur Dieu sera leur père.

XXVI.

Tu demandes des Dieux, mortel ! qu'en veux-tu faire ?
Ces Dieux qui peuvent tout, peuvent-ils te soustraire
Aux peines de la vie, aux horreurs de la mort ?
Ces Dieux qui peuvent tout, soumis eux-même au sort,
Ne sçauraient rien changer au cours de la nature.
C'est au prix des sueurs d'une longue culture,
Que tu dois acheter ton pain quotidien :
Les Dieux te vendent tout ; ils ne t'ont donné rien.

XXVII.

Non, tu n'étais pas né pour être un vil esclave ;
Enfin, lève la tête, et brise ton entrave,
Reprends ta dignité, mortel ! ouvre les yeux,
Et porte sans trembler tes regards vers les cieux.

Ils ne renferment point un maître armé du foudre,
Tout prêt, dans sa colère, à te réduire en poudre.
Au-delà de ce monde habite le néant.
Ce Dieu que tu craignais n'était qu'un faux géant
Né de ton ignorance, et nourri par tes prêtres,
Qui mouvaient ses ressorts cachés à tes ancêtres.
Marche vers le bonheur d'un pas plus assuré :
Il est enfin détruit ce fantôme sacré,
Qui te causa long-temps une frayeur extrême.
Ne crains rien de ton Dieu; mais crains tout de toi-même :
De tes biens, de tes maux, oui, toi seul es l'auteur;
L'enfer ou l'Elisée est au fond de ton cœur.

XXVIII.

Qu'EST-CE que Dieu? Par-tout on le donne en exemple,
Et dans chaque hameau pour lui s'élève un temple ;
Des nuages d'encens, mille concerts pieux,
Montent en son honneur à la voûte des cieux ;
Aux pieds des saints autels, et le fer et les flammes
Frappent, brûlent les corps, pour convertir les ames;
Sur les bancs de l'école, on défend avec feu,
On pèse avec sang froid les attributs de Dieu :
Sans fin, au syllogisme opposant le dilême,
C'est en vain que l'on croit résoudre le problême.
L'homme, en mourant, au sein de la religion,
L'homme ne sçait encor de son Dieu que le nom.

XXIX.

SANS peine il croit un Dieu, ce Midas indolent,
Qui de la table au lit, alternativement,

Passe sur des tapis de roses sans épine :
Il est payé pour croire à la bonté divine :
Il ne voit point de mal ; tout est bien à ses yeux,
Et jamais il n'a sçu le nom d'un malheureux.
Mais moi, placé plus près du toît des misérables,
Témoin trop impuissant des maux de mes semblables !..
Une colère impie alors vient m'enflammer ;
Et si je pense à Dieu, c'est pour le blasphêmer.

XXX.

D'être libre, mortel ! tu t'applaudis en vain ;
De la nécessité l'impérieuse main
Façonne l'univers, comme on pêtrit l'argile ;
L'aigle au plus haut des cieux, le venimeux reptile,
La paisible brebis, le tigre rugissant,
L'habitant monstrueux des mers du Groënland,
Et la plante attachée au sol qui la fit naître,
Et toi-même, ô mortel ! qui commandes en maître,
Tout fléchit sous le joug de la nécessité :
Tout est marqué du doigt de la fatalité.
C'est par l'enchaînement des effets et des causes,
Qu'on sent poindre l'épine au sein même des roses.
Néron fut un tyran, quoiqu'instruit par Burrhus.
Nos talents, nos plaisirs, nos crimes, nos vertus,
Ainsi que de nos sens l'admirable assemblage,
Indépendants de nous, ne sont point notre ouvrage.
Capanée en courroux bravait les immortels ;
D'un sang plus calme, Enée embrassait leurs autels.
 Tout nous fait une loi d'être indulgents, modestes :
Mettons enfin un terme à nos débats funestes,
La paix, ô mes amis ! et faisons de nos jours

Un emploi plus heureux : ils sont déja si courts !
Aveuglément suivons l'instinct de la nature :
Jouissons du présent sans crainte et sans murmure ;
L'avenir qui n'est pas, le passé qui n'est plus,
Nous causent des terreurs, des regrets superflus.
Prolongeons, s'il se peut, le sommeil de l'enfance ;
Conservons-en du moins la douce insouciance,
L'innocente gaîté, les faciles plaisirs,
Les jeux simples, toujours exempts de repentirs.
Laissons-nous mollement bercer par la paresse,
Et réglons nos desirs sur l'humaine faiblesse.
La première science est de borner ses vœux.
Newton est un génie ; en fut-il plus heureux ?
Plus loin que l'horizon ne portons pas la vue ;
On s'égare, en foulant une terre inconnue.
Bornons-nous aux objets qui tombent sous nos sens.
Par-tout, à chaque pas, mille atômes naissants
Echappent à nos yeux ; et notre orgueil peu sage
Voudrait de la nature embrasser tout l'ouvrage !
Pour l'homme, l'univers paraît trop limité ;
Il faut un champ plus vaste à son cœur exalté.
Honteux de son néant, l'homme, pour s'en distraire,
Se complaît à créer un monde imaginaire
Qu'il peuple à volonté, qu'il habite en esprit.
Quand de ce globe ingrat le crime le proscrit,
Il espère être heureux dans ce lointain azile ;
Il s'y choisit un maître ; et, comme un frein utile,
L'insensé, dans son cœur, l'oppose à ses tyrans :
Mais la crainte et l'espoir glissent sur les méchants.
O mortel ! laisse-là ta pieuse chimère :
Tu te perds dans les cieux, retourne sur la terre ;
C'est ton domaine ; il peut remplir tous tes souhaits :

Embellis ton séjour ; vis bien ; jouis en paix.
    O mes amis ! soyons, entre nous, moins sévères :
D'un regard indulgent, contemplons nos misères ;
Supportons l'ignorance et pardonnons l'erreur :
Des travers de l'esprit n'accusons pas le cœur.
Divisés par le dogme, unis par la morale,
Paisibles voyageurs, notre course est égale.
Il nous faut acquitter, tous, le même tribut :
Il est mille sentiers, mais nous n'avons qu'un but.
Aidons-nous sur la route ; égayons le voyage ;
Et parsemons de fleurs ce pénible passage :
Convives délicats, choisissons notre mêts ;
Ne blâmons point les goûts, et fuyons les excès.

XXXI.

Compagne de la paix, gardienne des vertus,
O médiocrité, toi qu'on n'estime plus,
Je t'adresse mes vœux : de mon toit solitaire
Daigne être le génie et l'astre tutélaire.
Ecarte loin de moi le luxe corrupteur,
Et les bruyants plaisirs qui fatiguent le cœur,
Les desirs importuns, de l'or la soif ardente ;
Amène sur tes pas l'amitié bienfaisante,
L'amour, ce doux tyran et de l'ame et des sens,
Et les ris ingénus, et les jeux innocents ;
Amène aussi les sœurs à la suite du frère,
Et les filles du Pinde en habits de bergère.
Quel bonheur ! si, chez moi, tu rassemblais un jour,
Les muses, l'amitié, les graces et l'amour.

    Amis ! voilà mes Dieux ; ils sont dignes du sage.

Il est un Dieu, dit-on, dont le monde est l'ouvrage,
D'un parfait architecte édifice imparfait :
Tout-puissant, il fit tout, hors le mal qu'il permet...
Je ne veux point d'un Dieu n'offrant que des mystères :
Je préfère à ce Dieu de plus douces chimères :
Si l'homme est condamné sur la terre à l'erreur,
Aux abus de l'esprit préférons ceux du cœur.

XXXII.

Pourquoi chercherions-nous un maître dans les cieux ?
Nous n'en avons déjà que trop en ces bas lieux.
Le peuple, aux passions, hélas! toujours en proie,
Leur obéit, disant : c'est Dieu qui les envoie.
L'homme sans préjugés trouve tout dans son cœur :
Sa morale, ses dieux, ses vertus, son bonheur.

XXXIII.

Quand luira-t-il, ce jour, où les hommes amis,
Pour l'intérêt commun désormais réunis,
Sans prêtres, sans autels, moins crédules, plus sages,
A la seule vertu rendront de vrais hommages ?
Quand donc les verra-t-on, instruits de leurs devoirs,
Mesurer leurs desirs à leurs faibles pouvoirs,
A la théologie opposer la morale,
Et rire des clameurs de la gent doctorale ?
Au cri de la raison, rassemblez-vous, mortels !
Armez-vous de flambeaux, embrasez vos autels,
Ces autels où le sang, des mains du fanatisme,
Pourrait couler encor pour cimenter un schisme ;

Et, sur le vil amas de ces impurs débris,
A la vertu dressons un auguste parvis.
Ne renouvelons point ces hommages futiles,
Ces ridicules vœux, ces fêtes puériles ;
Et, sans avoir besoin d'un droit surnaturel,
Posons les fondements d'un culte universel.

XXXIV.

Le jour luit ; frémissez, fanatiques ministres !
Un prompt réveil succède à vos songes sinistres :
Votre règne est passé ; le rebut des mortels,
A pas lents, vient encore encenser vos autels.
Barbare monument, votre idole grossière
Chancèle, et doit dans peu se résoudre en poussière :
Sa chûte entraînera vos pouvoirs et vos droits.
Votre rôle est fini, charlatans mal-adroits !
Autour de vos tréteaux, déjà moins empressée,
Vos discours, de la foule, excitent la risée :
Enfin le peuple pense... et, peut-être, dans peu,
N'aura-t-il plus besoin d'avoir pour frein un Dieu.
Sous l'œil de la nature, épurant ses usages,
Il sera convaincu, guidé par des lois sages,
Que le vice est un mal, et la sagesse un bien,
Et que, hors la vertu, tout le reste n'est rien.

XXXV.

Gardien de nos maisons, cet animal fidèle
Qui caresse la main envers lui trop cruelle,
Qui jusques à la mort porte le dévouement,

Sensible

Sensible à l'amitié, le chien reconnaissant
Ne sçait point s'il existe un Dieu juste ou facile,
Et montre des vertus, sans croire à l'évangile.
Plus près de la nature, il entend mieux sa voix,
L'instinct le guide mieux que nos plus saintes loix.
Qui de nous, mes amis, n'aimerait pas mieux être
Le chien qui meurt content, s'il a sauvé son maître,
Que le monstre enfroqué qui, pieux assassin,
Du sage Spinosa voulut percer le sein ?
 Les animaux vont-ils, à l'exemple de l'homme,
Acheter des pardons à la banque de Rome ?
Les singes, à genoux, devant leur vil portrait,
Brûlent-ils de l'encens au Dieu qu'ils se sont fait ?
Avons-nous jamais vu les tigres indomptables
Sur un autel sanglant immoler leurs semblables ?
L'homme, avec ses talens, et ses loix, et ses Dieux,
Moins sage que la brute, est aussi moins heureux.

XXXVI.

Rois, vous deviez un compte au dernier des humains :
Le sceptre est un dépôt que le peuple, en vos mains,
Daignait vous confier, et pouvait vous reprendre,
Si contre son bonheur vous osiez entreprendre :
Vos droits n'étaient sacrés qu'autant qu'il fut heureux.
Vous teniez vos pouvoirs du peuple et non des cieux.
Mais vous n'aviez pour frein que des dieux invisibles,
Et ces Dieux vous rendaient puissants, inaccessibles.
Rois qui tyrannisiez, il fut enfin pour vous
Un châtiment plus sûr que le divin courroux.
Le peuple au désespoir, sur vos têtes sacrées,
Enfin, osa porter ses mains désespérées,

Resaisit la couronne, et rentra dans ses droits.
De son Dieu, de ses chefs, oui, le peuple a le choix,
Et peut se rétracter si son choix n'est pas sage.
Il peut, quand il lui plait, défaire son ouvrage.

XXXVII.

» Il est pour l'homme, il est des erreurs salutaires ;
» La vérité l'ennuye, il lui faut des mystères ;
» Pour lui le merveilleux eut toujours des appas :
» Il faudrait l'inventer si Dieu n'existait pas.

Du palais où dormaient nos princes débonnaires,
Aussi faux qu'un Lévite, on vit jadis les maires,
N'osant faire éclater leur sourde ambition,
Elire eux même un roi, pour régner sous son nom :
Des prêtres, des tyrans tel est le stratagême !
Sous le masque imposant d'un créateur suprême,
Ils déguisent leur trame aux regards des mortels,
Et vivent impunis à l'ombre des autels.
Pour payer les excès de son libertinage,
Un prince, au nom d'un Dieu, dont il se dit l'image,
Ordonne des impôts, casse ses propres lois,
Confond tous les états, viole tous les droits,
Et n'appréhendant rien du ciel qui l'autorise,
S'endort, au bruit confus du peuple qu'il méprise.

XXXVIII.

» Si les rois, Dieux du peuple, eux-même étaient sans
   » Dieux,
» Impunément cruels, despotes odieux,
» Quelle digue assez forte opposer aux ravages
» De ces torrents fougueux franchissans leurs rivages?
» Hélas! tout fléchirait sous leur sceptre d'airain :

» De la religion le redoutable frein
» Seul dompte ces lions à l'épaisse crinière !
» Pour contenir leur rage au fond de leur tanière,
» Il faut.... »
　　　　　Le bras d'Hercule et non la voix du ciel.
Charles dut la victoire à l'amour de Sorel :
Au sein de Pompadour, dans une double ivresse,
Louis sacrifia sa gloire à sa maîtresse :
Tous deux reconnaissaient une divinité ;
Mais un saint n'est qu'un homme aux pieds de la beauté.
Loin d'être une barrière aux attentats des princes,
Loin d'être un bouclier utile à leurs provinces,
Le nom d'un Dieu fait taire ou mépriser les loix,
Et sert à consacrer les caprices des rois.
Quand, à Rheims, l'huile sainte avait sacré leur tête,
Tout leur était permis... La France est leur conquête,
Un bien héréditaire ; et l'absolu pouvoir
Etait, dans tous les temps, leur règle et leur devoir.
Imitateurs d'un Dieu fait d'après leurs images,
Les rois avec dédain recevaient les hommages
Du peuple dont à peine ils daignaient s'occuper ;
Leur tonnerre au hazard allait sur lui frapper.
Malheur au citoyen, fort de son seul mérite,
Osant leur demander raison de leur conduite !...
Malheur plutôt à vous, trop orgueilleux humains.
Quand l'état assemblé pèse vos droits divins ;
Quand, recourant enfin aux sages loix d'un code,
Il n'apperçoit en vous qu'un rouage incommode,
Un ressort superflu pour régler les états,
Qui, sans rois, n'ont besoin que de leurs magistrats.
Il est venu, le jour, où vous-même, ô monarques !
Sans suite, et dépouillés de vos frivoles marques,

Vous serez ajournés au tribunal des loix :
Le peuple est devenu le juge de ses rois.

 Cent rois, au nom du Ciel, s'étaient donné la terre :
Le reste des humains était leur tributaire.
L'homme, qui ne devait obéir qu'à ses loix,
Ne pouvait de ses fers avoir même le choix :
Il fut des régions où la pensée, esclave,
Du corps indignement portait la même entrave.

 Aux fiers navigateurs qui parcouraient les mers,
Le sage demandait : sur ce vaste univers,
Est-il encore un point où la Liberté règne,
Où l'on puisse du moins arborer son enseigne ?
Qu'il rentre dans le port chargé de biens et d'ans,
Qu'il goûte le repos au sein de ses enfants ;
Béni soit à jamais le nautonnier habile
Qui, dans ses longs trajets, découvrirait une île
Aride, inhabitable, et sous un ciel d'airain,
Mais où l'homme pût vivre et sans maître et sans frein !
Pour toi je puis braver un élément perfide ;
Dans des climats glacés, sous la zone torride,
Désertant sans regrets le sol où je suis né,
Je veux t'aller chercher, ô pays fortuné !....
O mer, calme tes flots ! protège mon passage !
Toi, fougueux Aquilon, respecte mon voyage !
L'ardente soif de l'or ne sèche point mon cœur.
Las ! chassée à jamais d'un séjour corrupteur,
L'auguste liberté, sur ma flotte légère,
Cherche pour se cacher une rive étrangère,
Un stérile rocher, un antre ténébreux,
Où rassemblés en paix, ses amis peu nombreux
Puissent lui rendre enfin un légitime culte.
Honoré de ses pas, quel sable reste inculte ?
Déja, j'y vois fleurir et la fertilité,

Et la joie innocente et la tranquillité.
A jamais le bonheur, enfant de l'harmonie,
Etablit son séjour dans cette colonie.
Fier de sa dignité, l'homme à l'homme est égal.
De la propriété le droit toujours légal,
La base des états, n'y souffre point d'atteinte :
La folle ambition est pour toujours éteinte
Dans le paisible cœur des heureux habitants.
Tout à la fois pontife et chef de ses enfants,
Le père de famille, au sein de son domaine,
Par un chemin de fleurs à la vertu les mène.
Les vieillards rassemblés, sans code et sans faisceaux,
Jugent les différends, dirigent les travaux,
Dans de sages écrits font passer leurs lumières,
Et sur-tout aux abus opposent des barrières.
Remplacés à leur mort par leurs dignes neveux,
De leurs concitoyens ils deviendront les Dieux ;
On ne s'entretiendra que de leur bienfaisance :
A certains jours, guidés par la reconnoissance,
Offrez leur votre encens, ô fortunés mortels !
Mais ne leur élevez, qu'en tremblant, des autels !
Rappelez-vous toujours le sort de vos ancêtres.
La naissance d'un culte, et l'institut des prêtres
Sont les deux premiers pas vers la corruption :
Craignez, mortels, craignez la superstition !

XXXIX.

Si j'étais fortuné, pour me gagner les cœurs,
Je voudrais élever un temple aux bonnes mœurs.
Point d'or ! tout dans ce lieu serait simple comme elles.
Des hommes bienfaisants les images fidèles,

(Monuments du génie) aux regards satisfaits,
D'un culte solemnel seraient les seuls objets.
L'histoire des héros et les écrits des sages,
Dans un bois précieux, placés d'âges en âges,
Médités avec soin, à jamais révérés,
Seraient dans ce lieu saint, les seuls livres sacrés.
A la place d'un Dieu qui cache son essence,
D'un Dieu trop au-dessus de notre intelligence,
D'un Dieu qui chez les Grecs se nommait l'*inconnu*;
Mille fois répété, le nom de la Vertu
Sur la voûte du temple, au fond du sanctuaire,
Traduit en toute langue, au plus grossier vulgaire,
Offrirait des devoirs le parfait complément,
Et deviendrait pour lui le mot de ralliment.
Au temple on entrerait sans apporter sa dîme;
Point de prêtres, d'autels; sur-tout point de victime.
Plus éclairé, plus doux, le peuple dans son cœur,
Sans recourir au ciel, pour règle aurait l'honneur.

XL.

L'ERREUR est-elle donc la passion des hommes?
De la vérité nue ils détournent les yeux,
Pour saisir son fantôme.... Insensés que nous sommes!
Nous avons la vertu.... pourquoi chercher des Dieux?

XLI.

QU'ON prononce, en tous lieux, le nom de la vertu;
Du peuple le plus lourd ce nom est entendu:
Par instinct, à ce nom, le plus grossier vulgaire
Se rappèle le bien qu'il a fait ou doit faire:

La vertu prend un corps au nom d'un bienfaiteur ;
On la voit ; on la sent dans le fond de son cœur.
Le nom d'un Dieu pour nous n'a pas autant de charmes ;
Un Etre mal connu doit causer des alarmes.
Mon cœur aima Daphné, quand je vis ses appas :
Comment aimer un Dieu que je ne conçois pas ?
D'un Etre que Newton n'a jamais pu comprendre
Le nom, d'un pastoureau peut-il se faire entendre ?
D'imiter un Dieu bon, on lui fait un devoir ;
Comment se peindra-t-il ce Dieu qu'il ne peut voir ?
L'Egypte prosternée, adorait une plante ;
A la voix d'Aaron, des Juifs la troupe errante,
Sous les traits d'un veau d'or s'était peint le vrai Dieu ;
Les mages, plus instruits, rendaient un culte au feu.
De la Divinité la nature indécise,
Sous les climats divers diversement comprise,
Ployée au caractère, aux mœurs des nations,
A subi tour-à-tour cent variations.

XLII.

« Quelle est cette vertu qu'on oppose à Dieu même ?
» Ce mot obscur et vague, inexplicable emblème,
» Peut il être jamais sur le cœur d'un mortel
» Un frein aussi puissant qu'un Dieu, juge éternel ?
» Qu'est-ce que la vertu ? . . . .
      De ce Dieu qu'on encense »
Puisse-t-on démontrer aussi bien l'existence !
La vertu, mes amis, existe avant les Dieux.
Elle est née avec l'homme, et la même en tous lieux.
Pour la première fois, celle qui devint mère,

Probablement aima ses enfants la première...
Qu'est-ce que la vertu?... Pesant dissertateur,
La réponse doit être écrite dans ton cœur.
Fais le bien, sans l'espoir d'obtenir une grace;
Abstiens-toi de tout mal, sans ordre et sans menace;
A force de bienfaits, confonds ton ennemi;
Ne porte point ta faulx dans la moisson d'autrui...
La vertu, la voilà! ce n'est point un mystère.
Qu'il se taise à ce nom, ce prêtre mercenaire
Qui vend son Dieu factice à qui veut l'acheter!
De la vertu jamais quel homme osa douter?
La vertu!... nom sacré! périsse l'ame vile
Qui l'entend prononcer et demeure tranquille!
Pour qui n'est pas encor par le vice abattu,
Rien n'est, dans l'univers, plus beau que la vertu.

A la seule vertu réserve ton hommage :
Intacte dans ton cœur, conserves-en l'image :
Consacre à la vertu les jours de ton printemps;
Dans l'hiver de ta vie offre-lui ton encens;
Et sois-en, s'il le faut le prêtre et la victime :
Ferme, en suivant ses pas, ras, ne crains plus d'abîme.
Loin d'elle, le méchant lui porte encor ses vœux:
On est riche avec l'or; la vertu rend heureux.

XLIII.

O Vertu! c'est pour toi que je renie un Dieu:
Je m'égare, peut-être, en faisant cet aveu!...
Puissent tous les mortels, devenus moins raisonnables,
Ne se permettre un jour que des erreurs semblables!
O Vertu! je fais vœu de te prendre pour loi,

De t'aimer pour toi-même, et de n'aimer que toi.
Il est un Dieu, dit-on, mon créateur, mon maitre :
Je n'en sais rien... qu'il se fasse connaître,
Ce Dieu, jusqu'à présent, à mon ame étranger.
Le mien, c'est la vertu, je n'en veux point changer.
Par des calculs sçavants, au géomètre habile,
Laissons résoudre en paix ce problême inutile.
Adorons la vertu : circonvenus d'erreurs,
Craignons de lui donner un rival dans nos cœurs.

XLIV.

De l'hospitalité renouvèle les charmes ;
Du timide indigent sèche, honore les larmes ;
De ton discret ami devine les besoins :
Aux auteurs de tes jours prodigue tous tes soins ;
Auprès de tes enfants, dans le sein de leur mère,
Aux égards de l'époux, joins les devoirs du père :
Si, fidèle aux saints nœuds de la société,
Tu respectes encor ceux de l'humanité ;
Crois un Dieu, n'en crois pas ! vas, tu n'as rien à craindre
Sois sourd aux dogmes vains du prêtre habile à feindre :
Ne brûle point d'encens, ne forme point de vœux ;
Tu peux t'en exempter ; ton cœur est vertueux.

Heureux, qui dans le sien, se rend ce témoignage !
« Non : je n'ai pas besoin d'un dieu pour être sage ;
» Toujours l'amour de l'ordre est mon unique loi ;
» Je pratique le bien pour lui-même et pour moi.
» Etre bon est si doux ! le vice est si pénible !
» Sans la religion, ne puis-je être sensible ?

» Mon Dieu, c'est la vertu : pour temple elle a mon cœur,
» Pour culte mes devoirs, et pour but mon bonheur.

X L V.

Sans recourir au ciel, les mortels ont entr'eux
D'assez puissants motifs pour être vertueux.
Qu'il est à plaindre et vil, l'homme à qui, pour bien faire,
La présence d'un Dieu fut toujours nécessaire !

X L V I.

Quand le sage médite un trait de bienfaisance,
D'applaudissements vains, son cœur n'a pas besoin.
De ses vertus, le sage, en son indépendance,
Dédaigne même un Dieu pour juge et pour témoin.

X L V I I.

Des mœurs! ô mes amis : des mœurs !.. rien n'en dispense;
Du prêtre intolérant méprisons les clameurs;
D'un Dieu, qui permet tout, balançons l'existence ;
Mais faisons respecter nos doutes par nos mœurs.

X L V I I I.

A l'esclave craintif qu'on dise : « Marche droit;
» Ton maître suit tes pas; sois sage : Dieu te voit. »
Qu'ai-je besoin d'un Dieu, qu'ai-je besoin d'un maître,
Si je suis vertueux pour le plaisir de l'être ?

Quel fourbe, le premier, pour nous donner la loi,
Attacha sur nos yeux le bandeau de la foi,
Dégrada les vertus par un honteux salaire.
De l'homme bienfaisant fit un vil mercenaire,
Et, lui montrant au ciel son rémunérateur,
Osa lui proposer un prix hors de son cœur ?

XLIX.

Dans ces jours consacrés aux pieuses erreurs,
Abandonnant la ville et ses prêtres menteurs,
Seul, au milieu d'un bois, dans un profond silence,
Entre l'homme et ses Dieux je tenais la balance....
Aux pieds des saints autels en tout temps prosterné,
En devient-il meilleur, est-il plus fortuné ?
S'il n'est pas plus heureux, à ses riches hommages
Les Dieux seraient-ils sourds, ainsi que leurs images ?
Si leur frein est trop faible; eh bien ! que tarde-t-on,
Et pourquoi plus long-temps outrager la raison ?

 Mais quelle voix m'arrête ! « Insensé moraliste !
» De nos spéculateurs veux-tu grossir la liste ?
» Laisse ta plume oisive, imprudent Ecrivain !
» Au torrent des abus tu t'opposes en vain.
» Les beaux vers qu'à Lucrèce inspirait Epicure,
» Ont-ils sçu des mortels réformer la nature ?
» Pour marcher droit, le peuple a besoin d'un bandeau :
» Le grand jour, à ses yeux, est un trop lourd fardeau :
» Il doit, né pour l'erreur, vivre sans se connaître ;
» Tu le servirais mal, en l'éclairant, peut-être.
» Si le bœuf de sa force avait le sentiment,

» Crois-tu qu'on le verrait tracer impunément
» Un pénible sillon sur un sol difficile,
» Au joug d'un maître ingrat stérilement docile ?
» Le vrai n'est pas toujours préférable à l'erreur :
» Respecte un préjugé qui conduit au bonheur.
» Pense, mais pour toi seul ; novateur condamnable,
» Ne porte point l'allarme au sein de ton semblable.
» De l'indigent honteux, Dieu seul est le trésor ;
» Si tu veux lui ravir, prends lui la vie encor ».
D'un Dieu sourd et méchant que faut-il qu'il espère ?
Un Dieu qui le poursuit, peut-il être son père ?
Un Dieu qui laisse, en paix, outrager leurs vertus,
Pour les infortunés est un fardeau de plus.
Le mal, comme le bien, est, dans l'ordre des choses,
L'aveugle résultat des effets et des causes.
Le dévot insensé qui l'attribue aux Dieux,
Moins sage que l'Athée, est aussi moins heureux.
A la pierre en tombant le poids donne des ailes ;
D'un brasier pétillant les vives étincelles,
Avec rapidité, s'élancent dans les airs ;
L'écho, sans les sçavoir, répète tous les airs.
De ces divers effets que devons-nous conclure ?
Qu'il faut laisser agir le cours de la nature,
Sans faire intervenir un maître à doubles loix,
Et du bien et du mal auteur tout à la fois.

Rempli d'un feu nouveau, j'allais poursuivre encore....
Quel objet s'offre à moi ?.... plus belle que l'aurore,
Sans honte d'être nue, assise à mon côté,
Une femme me dit ; « Je suis la Vérité ;
» Jeune homme courageux ! poursuis en ma présence ;

» Poursuis ! la vérité sera ta récompense.
» Jusque sur les autels combats les préjugés,
» Et ne ressemble point à tant d'auteurs gagés :
» Sous leur plume changeante, à l'intérêt livrée,
» Et le faux et le vrai portent même livrée.
» N'imite pas non plus ces esprits timorés,
» Par de lâches remords sans cesse dévorés,
» Qui respectent l'erreur, quand l'erreur est antique,
» Et vont temporisant avec la politique :
» Une vérité neuve est un crime à leurs yeux :
» Ils se placent toujours au rang le plus nombreux.
» Parle d'après ton cœur ; aux deux bouts de la terre,
» Porte la vérité sans voile et sans mystère.
» Poursuis ! seul contre tous, d'aveugles entouré,
» Que rien, hors la vertu, rien ne te soit sacré !
» Sous ma dictée, écris : je serai ta Minerve :
» A la vérité seule, heureux qui doit sa verve !

L.

OH ! que le nom d'un Dieu fit de mal à la terre !
Les tendres noms d'époux, et d'enfant, et de père,
Ceux de concitoyen, de bienfaiteur, d'ami,
Perdent tout leur pouvoir, se taisent devant lui.
Hélas, combien ce nom fit répandre de larmes,
Causa de noirs chagrins et de vives alarmes !
Par la grace de Dieu, devenus des tyrans,
Les rois, sous ce nom saint, aux peuples ignorants
Ordonnent, pour finir d'inutiles querelles,
Ou des traités honteux, ou des guerres cruelles.
Pour mieux verser le sang des malheureux humains,

Le prêtre lève au ciel ses pacifiques mains,
Et Dieu presque toujours est le cri de bataille.
Bientôt, sur les débris d'une frêle muraille,
Foulant aux pieds les morts, le farouche vainqueur
Fait chanter, aux vaincus, une hymne au créateur.
Le nom d'un Dieu, cité, consacre l'injustice :
Son temple est pour le crime un asyle propice :
Pour maintenir ses droits, l'auguste vérité
Doit s'étayer du nom de la Divinité :
Thémis, au nom d'un Dieu, contre ses loix décide.
Pour l'intérêt du ciel, un zèle parricide,
Fier de son attentat, sans remords, sans regrets,
Tout rempli de son Dieu, se signe et dort en paix.
Arrêtés au milieu de leur vaste carrière,
Les sçavants dans ce nom trouvent une barrière ;
On leur ferme la bouche avec ce nom fatal :
Dieu seul explique tout, et le bien et le mal.
Un volcan, la famine affligent-ils l'empire ?
C'est Dieu qui nous punit ; on est dans le délire ;
Les temples sont ouverts au peuple larmoyant ;
L'on ne sçait que prier, et l'on meurt en priant.
Ce nom, qui n'est qu'un mot, mot inintelligible,
Ce Dieu s'est tout soumis ; tout lui devient possible ;
Il est le plus actif de tous les Talismans ;
Il subjugue, il commande à tous les sentiments.
Eh ! comment s'affranchir de cette erreur commune ?
D'âge en âge transmis d'une voix importune,
Tour-à-tour, par instinct, on s'imprime ce nom ;
L'enfant à la mamelle en suce le poison :
Sur nos tendres cerveaux, profondément tracée,
L'erreur, sans peine, hélas ! n'en peut être effacée :
Et tout s'est ressenti de sa contagion.

La politique, ensemble, et la religion
Ont opposé leurs fers aux nœuds de la nature;
De ces monstres adroits tout devint la pâture;
Et de ces deux pouvoirs, unis quoique rivaux,
Les mortels avilis furent tous les vassaux.
Pontife et roi, couvert d'une double couronne,
L'ambitieux passa de l'autel sur le trône :
Et, tenant en ses mains ces deux puissants ressorts,
S'assujettit bientôt les ames et les corps.
La souple politique, à l'homme, encor novice,
Fit accepter ses loix comme un frein pour le vice;
Et la religion, aux superstitieux,
Pour régner sur la terre, ouvre à son gré les cieux.

Ah! que l'homme eût été bien plus heureux, sans doute,
Si, guidé par son cœur, il eût suivi la route
Que la nature indique et qui mène au bonheur!
Elle était la plus courte; elle était sans erreur.
L'homme naît : en naissant, les baisers de sa mère
Etouffent ses clameurs et charment sa misère.
Pour fournir aux besoins de son tempérament,
Deux sources d'un lait pur coulent abondamment.
Sous les yeux paternels il croît en force, en âge;
De ses sens, qu'il éprouve, il devine l'usage;
Aux auteurs de ses jours il tend déja les bras,
Leur laisse interpréter son charmant embarras,
Et bientôt, d'un organe encore peu flexible,
Exprime les élans d'un cœur déja sensible.
Il change avec le temps : s'il est moins caressant,
Il est, par ses travaux, bien plus reconnoissant.
Un sentiment plus vif parle enfin à son âme :

D'un desir incertain il sent naître la flamme :
Dans les bras d'une épouse il reconnaît l'amour,
Et le fils, trop heureux, devient père à son tour.
Les conseils qu'il reçoit du chef de sa famille
Fidèlement transmis à son fils, à sa fille,
Sont un code sacré qu'on observe avec soin :
Et de culte et de loi qu'a-t-il alors besoin ?
Un intègre vieillard, instruit par les années,
De ses nombreux enfants guidant les destinées,
Ne peut-il mieux qu'un prêtre enseigner la vertu ?
D'un caractère saint, n'est-il pas revêtu ?
Cent ans de bonnes mœurs !... quel plus puissant exemple
Peut donner un Dieu sourd, mal servi dans son temple ?
De cultes et de loix affranchis-toi, mortel !
Et ne soumets ton cœur qu'au pouvoir paternel.
Tous les autres sont faux ; lui seul est légitime :
Un père à ses enfants peut commander sans crime ;
La nature elle-même en a fait une loi.
Qu'il est doux de n'avoir que son père pour roi !

L I.

Qu'est-ce que Dieu ? Mortels, approchez-vous sans
    crainte ;
Osez, avec sang-froid, en contempler l'empreinte,
Que vos prêtres adroits, pour soulager vos sens,
Eux-mêmes ont tracée à des sculpteurs sçavants.
Ce temple n'offre aux yeux que vos propres images ;
Un vieillard, un enfant partagent vos hommages :
Quel triomphe, ô mortels, pour votre orgueil secret !
L'encens que vous brûlez, c'est à votre portrait

LII.

Dans un dédale obscur trop long-temps engagés,
Il en est temps, chassons la nuit des préjugés.
Et prenons pour flambeau celui de la nature.
Sur ses tréteaux laissons le docteur en fourrure,
Dont l'écho trop fidèle est le seul auditeur ;
La morale du juste est le cri de son cœur.

Le méchant a pour frein sa propre conscience ;
S'il ne craint pas son cœur, la céleste vengeance
Ne pourra, s'il est seul, rompre ses noirs projets ;
Il sçait qu'un jour un prêtre expiera ses forfaits.
Le juste, sans témoin, se respecte lui-même,
Et sans avoir recours aux loix d'un Dieu suprême,
Il se défend le mal, il s'ordonne le bien ;
Et la crainte et l'espoir sur lui ne peuvent rien.
» Dieu, dit-il, oui ! j'ai cru, je crois que sans audace,
» La Vertu seule, en nous, pouvait remplir ta place :
» La Vertu, plus aisée à comprendre que toi,
» N'a point dans un nuage enveloppé sa loi ;
» Je crois que le bonheur, qu'on n'obtient pas sans elle,
» Pourrait engager l'homme à lui rester fidèle ;
» Je crois que les excès, au nom d'un Dieu commis,
» Au nom de la Vertu ne sçauraient être admis. »

L I I I.

Ames sans énergie, esprits pusillanimes,
Que la férule seule a détournés des crimes,
En qui l'intérêt seul fait germer les vertus ;
Arrêtez-vous ici... le reste est superflu :
Pour vos cœurs délicats aliments indigestes,
Mes vers vous causeraient des accidents funestes ;
Un vin robuste et chaud convient à l'âge mûr ;
L'enfance n'a besoin que d'un lait doux et pur.

Toi, qui sans le secours d'une cause étrangère,
De ton seul mouvement fais le bien pour bien faire ;
O toi qui ne soumets ton cœur qu'à la raison :
Lis ces vers... pour tout autre, ils seraient un poison.

L I V.

Si toujours la justice eût guidé les mortels,
On les verrait encor sans loix et sans autels :
Sans doute, on n'inventa des Dieux et des supplices,
Que pour épouvanter le crime et ses complices.

L V.

Il est, (n'en doutons pas) une religion
Qui n'a point pour auteur l'ardente ambition ;
Gémissons, en voyant le prêtre fanatique,
Exercer sur le peuple un pouvoir despotique,
Abuser sans pudeur de sa crédulité,

Et lui promettre, au nom de la divinité,
Pour des tourments réels, un bien imaginaire.
S'il est possible, osons détromper le vulgaire....
Sur son aveuglement du moins versons des pleurs,
Mais ne partageons pas ses funestes erreurs.
Tel qu'un lâche troupeau sous la verge docile,
Aux pieds de ton idole, accours, peuple imbécile;
A tes prêtres oisifs consacre tes travaux;
Et tremble au nom des Dieux, enfants de leurs cerveaux,
Qu'un habile tyran, sous un grossier emblème,
Peigne à ses vils sujets, Dieu semblable à lui-même !
Pour se faire obéir en légitime roi,
Qu'il couvre leur raison du bandeau de la foi !
Déchirons ce bandeau qu'a tissu l'artifice,
Et gardons-nous de faire un lâche sacrifice
Du bien le plus flatteur, de notre liberté.
A des sophismes vains opposons la fierté :
Retirons notre esprit d'un indigne esclavage ;
Libre de préjugés, que le vrai seul l'engage !

L V I.

Que de tout temps le monde existe par lui-même,
Ou qu'il soit fait de rien par un être suprême
Qui sans cesser d'être un se divise en trois Dieux !
Que l'un des trois habite un pain mystérieux !
Qu'importent au bonheur ces dogmes, ces mystères ?
Sans les croire ou blâmer, plus sages que nos pères,
Aimons-nous ! remplissons nos devoirs mutuels,
Et sans les redouter (s'il est des immortels,)
Laissons-les dans les cieux ! qu'ils restent invisibles ;

Ne pourrions-nous sans eux, couler des jours paisibles?
Fuyons des préjugés le chemin trop battu,
Et pour divinité choisissons la Vertu.

LVII.

» Il faut, pour le maintien de l'ordre et de la paix,
» Il faut des Dieux au peuple, aux enfants des hochets. »

S'il faut des Dieux au peuple, il n'en faut point au sage;
Lui-même, il est son Dieu : fier de son avantage,
C'est un républicain, de ses droits trop jaloux
Pour reconnaître un maître et fléchir les genoux,
D'un seigneur suzerain esclave tributaire.
Comme sur un sol libre, il marche sur la terre;
D'esclaves entouré, le sage y vit en roi,
Et sans en recevoir par-tout dicte la loi.
Le sage, avec pitié, voit la foule importune,
Espérant par des vœux corriger la fortune,
Consulter les calculs du saint calendrier,
Rendre à Dieu par routine un culte journalier,
Pour digne truchement choisir la bouche impure
D'un carme ivre de vin ou perdu de luxure,
Lui faire à prix d'argent conjurer Belzebut,
Et de ses oraisons attendre son salut.
Le sage dans son cœur observe un autre culte,
Que lui dicte, en naissant, la Raison qu'il consulte.

LVIII.

Toi, qu'on appèle Dieu, du mal purge la terre;
Par des biens toujours purs prouve ton caractère;
Créateur des saisons, maître des éléments,
Fais régner sur ce globe un éternel printemps;
A la mer agitée, interdis les tempêtes;
Que la foudre en tombant respecte au moins nos têtes !
Dans la maison d'un père et sage et généreux,
Les enfants, tous bien nés, doivent tous être heureux.

LIX.

Chaque saison pour l'homme a sa divinité:
L'amour l'est du printemps; le plaisir de l'été;
L'ambition et l'or sont les Dieux de l'automne;
Bacchus, dans notre hiver de pampre nous couronne:
Les passions, voilà nos véritables Dieux.
Le Dieu de l'univers n'est servi qu'après eux.
Toutes religions, parmi nous, sont semblables;
A ces mères de rois, princesses méprisables,
Qu'on oublie et relègue au fond d'un vieux château,
De l'état qui murmure incommode fardeau;
Vieilles divinités qu'on sert par étiquette;
D'antiques courtisans partagent leur retraite;
Aux pieds de leurs autels, dégradés par le temps,
L'habitude et l'ennui filent tous leurs instants.

L X.

Montrez-moi votre Dieu : pendant qu'on en raisonne ;
Qu'il descende ici-bas et paraisse en personne !
Est-il de forme humaine et quel sexe est le sien ?
Législateur des Juifs, quel bonheur fut le tien !
Moyse, qu'as-tu fait pour mériter la grace,
Pour obtenir le don de voir Dieu face à face ?
Que n'as-tu donc transmis à la postérité,
Les véritables traits de la divinité !
Quand parut à tes yeux ce sublime modèle,
Que n'étais-je présent ! j'aurais, peintre fidèle,
Forcé l'impie altier de croire au Dieu vivant.
Qu'eût-il dit à l'aspect d'un portrait ressemblant ?
L'univers, tout entier au giron de l'église,
N'aurait eu qu'une foi, qu'une terre promise ;
Et l'inquisition, pour convertir les cœurs,
N'aurait point eu besoin de ses buchers vengeurs.

L X I.

Le signal est donné ; cent mille combattants
S'avancent, en mesure, au son des instruments ;
Le salpêtre s'allume, au plomb donne des ailes :
Atteints en même temps de blessures cruelles,
Des bataillons entiers, ainsi qu'un champ d'épis,
Sous la faulx du trépas tombent ensevelis :
En ruisseau le sang coule : on se mêle, on s'anime ;
Le fer en main, bourreau tour-à-tour et victime,
Le soldat, de plus près, donne et reçoit la mort....
Tranquille spectateur, Dieu laisse agir le sort.

LXII.

Aux pieds des saints autels jour et nuit prosternée,
D'un infidèle époux épouse abandonnée,
Néris demande au ciel un cœur qu'elle a perdu :
Ses vœux semblent remplis.... moment inattendu !
Le mari repentant vole au sein de sa femme,
Et d'un feu ralenti veut ranimer la flamme :
Atteint d'un mal honteux, le monstre sans pudeur,
A son épouse, hélas! digne d'un sort meilleur,
Transmet un noir venin ; et la vertu novice,
Tombe en proie aux tourments qui n'étaient dûs qu'au vice,
En plaignant son époux, Néris entre au tombeau....
O crime! ô honte !...et Dieu fait grace à son bourreau.

LXIII.

Benis la providence au sein de la misère ;
Vas rendre grace à Dieu sur le tombeau d'un père ;
Dans les bras d'une amie expirante à tes yeux,
Reconnais sa bonté, qui fit tout pour le mieux.

« C'est pour vous éprouver, pécheur, (s'écrie un prêtre,)
De l'univers détruit le redoutable maître,
Précédé de la foudre, un jour, dans son courroux,
De Bourreaux entouré, viendra vous juger tous ;
S'il fait grace, ici bas, à la race mortelle,
C'est pour mieux la punir dans la nuit éternelle ;
Trop long-temps suspendu, son bras en vous frappant,
Pécheurs invétérés, en sera plus pesant :

Le brasier est tout prêt, déjà brille la flamme ;
Aux plaisirs de la vie abandonnez votre ame ;
Le ciel vous laisse en paix mériter votre sort :
Tremblez ! il vous attend aux portes de la mort. »

   Laissons cet orateur et l'infernal abyme !
Toujours le châtiment commence avec le crime :
Le coupable, jamais, dans le fond de son cœur,
A côté du remords, n'a trouvé le bonheur.

LXIV.

Il est un tribunal intègre, inévitable,
Où la cause du juste et celle du coupable
Se plaident sans délai, se jugent sans appel ;
(Aussi-tôt condamné, que l'on est criminel.)
Sur nous toujours ouvert, l'œil de la conscience,
Et des Dieux et des loix prévient l'insuffisance,
Aux lieux les plus secrets, dans la plus sombre nuit,
A nos pas attaché, nous observe, nous suit ;
Et témoin importun des actions de l'ame,
Lui prodigue l'éloge ou la couvre de blâme.

LXV.

L'homme a dit, pour prouver son illustre origine :
» Un être aussi parfait sort d'une main divine ;
» Un Dieu seul a formé l'homme semblable à lui,
» De ce vaste univers l'ornement et l'appui. »
Et les tyrans ont dit : « Dieu m'a mis sur la terre
» Pour le représenter et lancer son tonnerre ;
» Sans doute, il est un Dieu ! vous le voyez en moi ;
» Mortels, prosternez-vous ; mes ordres sont sa loi. »

LXVI.

Qu'on suppose Socrate à la place d'un Dieu,
Du Dieu dont on bénit la sagesse en tout lieu :. . .!
L'univers aussi-tôt reprend une autre face ;
Et du bien et du mal le souvenir s'efface ;
Tout devient pour le mieux ; dans un ordre nouveau,
La Rose est sans épine et l'amour sans bandeau ;
Des Termes odieux ne marquent plus les terres ;
Tous les hommes égaux vivent, s'aiment en frères ;
Le pouvoir paternel abolit les tyrans ;
Le vieillard montre encor la candeur des enfants ;
On s'aime par besoin, on jouit sans se nuire ;
Par un chemin de fleurs on se laisse conduire
Au terme, en benissant les ordres du destin.
Et le soir d'un beau jour ressemble à son matin.

LXVII.

Au fond d'un bois épais, il est un antre noir,
Interdit au soleil ; effroyable manoir,
Qui n'inspire au cerveau que des pensées funèbres,
Où règnent en plein jour d'effrayantes ténèbres :
A la triste lueur d'un flambeau sépulchral,
A peine on entrevoit le monstre colossal,
Qui préside en tyran à cet affreux empire,
Génie imaginaire impossible à décrire,
Bizarre résultat de membres rapportés,
Assemblage confus d'étranges qualités.
Ce fantôme difforme, au sein de l'ignorance,
Fut conçu plusieurs fois, et lui doit sa puissance.

Jettant autour de lui des regards incertains,
Couverte de lambeaux, (ouvrage de ses mains,)
Ne pouvant supporter l'éclat de la lumière,
Le front jaune, livide, et la démarche fière,
Décharnée, une femme, au pied des saints autels,
D'une voix rauque, appèle, invite les mortels,
Et captive leurs yeux sous des bandeaux magiques;
Sur son sein bazané, des enfants faméliques
Se repaissent d'un lait avec le temps aigri,
Et remplissent ce lieu de leur sinistre cri.

Chargés de talismans, tous fabriqués dans l'ombre,
Guidés par le hasard, des ministres sans nombre
Prononcent gravement des mots vuides de sens,
Au nom de leur fantôme exigent des présents,
Et répondant pour lui, (pénétrés de leur rôle)
Font jouer les ressorts de leur muette idole.

C'est ainsi que le peintre a dans son attelier,
Un simulacre humain, ou de bois, ou d'osier,
Par lui-même impuissant, à jamais immobile,
Sous la main qui le pose, automate docile;
Tour-à-tour, c'est Jupin qui foudroie un Titan,
C'est un Dieu mis en croix, c'est Michel ou Satan:
L'enfant peureux, croyant la figure animée,
Va se cacher au sein de sa mère allarmée.

Le fantôme en sa main tient un double miroir,
Qui fait naître à la fois et la crainte et l'espoir :
Des quatre coins du monde on vient, plein d'un saint zèle,
Consulter en tremblant cette glace infidèle;

Mais lorsque la raison en approche de près,
Son fanal radieux, tout s'éclipse à jamais;
Il ne reste plus rien de ces images vaines.

Les autels sont chargés de victimes humaines.

De cet empire obscur le sol est sablonneux,
Aride, et ne portant que des fruits vénéneux,
Infesté d'animaux malfaisants et sauvages,
De reptiles sifflants sous de malins herbages.
Des obliques sentiers lassent le voyageur,
Qui, cent fois sur ses pas, et d'erreur en erreur,
Marche sans avancer, craint toujours la tempête,
Sans trouver un abri pour reposer sa tête.
Malheureux, si voulant retrouver son chemin,
Des fourbes conducteurs il emprunte la main :
Eclairé d'un jour faux, dupe de leurs manéges,
Sans secours, sans espoir engagé dans leurs piéges,
Il ne reverra plus ses pénates chéris ;
Esclave, il finira ses jours dans les ennuis.

Deux fleuves opposés, nés de la même source,
Sur un lit inégal, dans leur bruyante course,
Roulent des flots impurs, et d'un triple contour,
Ceignent l'antre gardé par un cruel autour :
Chacun d'eux communique une vertu contraire ;
Dans l'un plongé trois fois, on est atrabilaire,
On devient fanatique, enivré de fureur ;
Dans l'autre, un dur caillou prend la place du cœur.

Fièrement entourés de leurs sectes craintives,
Trois imposteurs adroits, sur ces perfides rives,

Se disputent le pas et cimentent leurs loix,
Du sang de leurs martyrs trop peu sourds à leur voix.

Sous des masques sacrés déguisant leurs ravages,
Mille monstres sans ordre errent sur ces rivages,
L'un de l'autre naissants, l'un par l'autre détruits ;
La partialité qui sème de faux bruits,
La basse jalousie et l'envie implacable,
Les mensonges grossiers, l'avarice incurable,
La ruse à l'œil couvert qui parle à doubles mots ;
Le fanatisme enfin, père de tous les maux.

Un décret observé dans toute la contrée,
A la seule Raison en interdit l'entrée.
Pour l'amour des humains la Raison cependant,
Tenta d'y pénétrer sous un déguisement.
Mais hélas ! chaque fois reconnue et chassée,
La Raison en sortit cruellement blessée :
On brûla ses écrits : dans le fleuve voisin,
Pour l'éteindre, on plongea son flambeau, mais en vain.
Il brûla sous les eaux d'une flamme plus belle.

Pour parvenir enfin jusqu'au monstre rebelle,
On la verra bientôt, au péril de ses jours,
Se frayer un chemin dans ces sombres détours,
D'un souffle renverser, dissiper le fantôme,
(A des yeux clairvoyants trop méprisable atome.)
Et s'asseyant en paix sur ses autels purgés,
Faire fleurir ses droits trop long-temps outragés.

LXVIII.

Non ! ce monde imparfait n'est pas l'œuvre d'un Dieu:
Le Vésuve et l'Etna , (ces montagnes de feu ,)
Ne sont point allumés par une main divine ;
Du foudre et des éclairs la céleste origine ,
N'est qu'un piége tendu par les prêtres adroits.
Le requin sous les eaux , l'hyène au fond des bois,
Pour amuser un Dieu signalent-ils leur rage ?
Est-ce sous l'œil d'un Dieu que sur les bords du Tage ,
La terre vacillante , ouvrant ses larges flancs ,
Engloutit sans retour deux cens mille habitants ?
Sous la loi d'un Dieu bon , le mal est impossible :
Est-ce donc pour souffrir que Dieu m'a fait sensible ?
Puisque rien ne se fait ici sans son aveu ,
Le trépas d'un insecte atteste contre Dieu.

LXIX.

Réponds, mortel, pourquoi, dans des instants fâcheux,
Tes avides regards se portent-ils aux cieux ?
Un remède infaillible , ou quelqu'heureux présage ,
Est il , pour te guérir , écrit sur un nuage ?
Fais mieux ! cherche à tes pieds : de puissants végétaux,
Que tu foulais, dans peu chasseront tous tes maux.

LXX.

La piété stupide inventa la magie ,
Et fit perdre aux talents leur superbe énergie ;

Trop long-temps dans la foudre une sainte frayeur,
Fit voir à nos aïeux le bras d'un Dieu vengeur;
Nos aïeux moins dévots auraient pu nous apprendre
Qu'un acier conducteur suffit pour s'en défendre;
On voit avec regret Bossuet et Pascal
S'épuiser à sonder l'origine du mal,
Et perdre tous les fruits de leur profond génie,
Dans les obscurs sentiers de la théogonie.

LXXI.

Crois-tu qu'en répétant le mot de Providence,
Tu peux dans tes foyers ramener l'abondance,
De la grêle, des vents, de mille autres fléaux,
En priant, préserver tes jeunes arbrisseaux ?
Pour jaunir ta moisson et teindre ton vignoble,
Des prêtres suffit-il que la phalange ignoble,
Sur deux files rangée, aille au milieu des champs
Répandre l'eau lustrale et glapir quelques chants ?
Tu perds les plus beaux jours à ces vains formulaires;
Choisis de tes taureaux les plus robustes paires,
Et ton sol par tes soins sera fécond dans peu :
Du riche laboureur le travail est le Dieu.

LXXII.

Loin de moi l'homme vil dont le cœur endormi,
Pour veiller aux besoins d'un malheureux ami,
Attend qu'on lui répète : un Dieu bon te l'ordonne.

Eh quoi ! ton ame froide, au lieu d'agir, raisonne;

Qu'importe que ton Dieu te commande le bien ?
Soit que ton Dieu te voie, ou qu'il n'en sache rien ;
Ton ami souffre ! accours ! qu'il te doive la vie !
Satisfais à ton cœur, et ta dette est remplie.

LXXIII.

Environnés d'écueils, marchons avec prudence,
Et suspendons nos pas où finit l'évidence :
Bornons-nous à la terre, abandonnons les cieux ;
Le bonheur est en nous ; mortels, soyons nos Dieux.

LXXIV.

Le bonheur est un temple, ouvrage des humains ;
De concert, chacun d'eux doit y prêter les mains :
Les uns tracent le plan, et les autres dociles,
Posent les matériaux sous l'œil des plus habiles ;
Les sages sont chargés d'asseoir les fondements ;
Aux femmes est donné le soin des ornements ;
Tout le monde concourt à ce grand édifice,
Les enfants, les vieillards : au poids de la justice,
On doit suivant la force assigner les fardeaux,
En raison des talents répartir les travaux :
Construite à frais communs, l'enceinte est condamnée
Pour ces dévots oisifs qui perdent leur journée
A contempler le ciel, et qui, toujours rêveurs,
Vont en tous lieux cherchant de sots imitateurs.

LXXV.

Dans le bourbier des sens indignement plongés,
Cerveaux étroits et lourds, hommes à préjugés ;
J'admire autant que vous la féconde nature :
Peut-être mieux que vous, j'en connais la structure ;
Tout me confond en elle, et jusqu'en ses défauts,
Ma voix pour la chanter ne trouve point de mots :
Je m'arrête, me tais où le doute commence.
Et loin de m'égarer dans un dédale immense,
Je laisse aux cœurs oisifs la contemplation :
Connaître mes devoirs est mon ambition.

LXXVI.

Portant entre ses bras son enfant nouveau-né,
Plein de zèle, où va t-il, ce père fortuné ?...
Son fils, dans l'eau trois fois, doit, plongé par des prêtres
Se laver du forfait de ses premiers ancêtres ;
Ou bien, pour faire un pacte avec Dieu, son bourreau,
Du prépuce sanglant consacrer le lambeau.

Honteusement punis sous cette voûte sainte,
Qu'ont-ils fait, ces enfants, consternés par la crainte ?...
Leur pédant à soutane, un cathéchisme en main,
Sur le mot Dieu trois fois les interroge en vain....
Hélas ! de ces enfants la mémoire trop tendre
Ne retient pas le mot qu'ils ne sçauraient entendre.

A ces filles en cercle assises devant lui,
Que dit ce clerc tondu, ministre de l'ennui ?

D'un

D'un Dieu triple et mortel, né d'une vierge-mère,
Il leur prêche à grands cris l'ineffable mystère:
L'exemple de MARIE, imprimé dans leur cœur,
Justifiera trop bien un jour leur déshonneur.

Dans les temples ouverts dès la naissante aurore,
Cent bronzes ébranlés sous leur dôme sonore,
Par leurs accords bruyants dissipent les pavots
Du peuple enseveli dans les bras du repos.
L'époux dévot suspend les devoirs d'hymenée.
Pour des devoirs plus saints sa femme abandonnée,
Au temple, sur ses pas, s'achemine en baillant.
On célèbre la pâque.... Arrive enfin l'instant
Où Dieu descend du ciel dans un étroit calice,
Daigne se revêtir du pain du sacrifice,
Pour repaître son peuple à ce mets préparé.
On est admis sans choix à ce banquet sacré;
Le sage et l'insensé, la prude et la coquette;
Un Dieu vient se placer sur les lèvres d'Annette,
Où naguères Lubin cueillit un doux baiser;
Lui-même mangera son Dieu pour l'appaiser.
Un suppôt de taverne, ivre encor de la veille,
Vient au temple... Oh! pour lui quelle douce merveille!...
De son Dieu complaisant le sang se change en vin;
Il boit, en détonnant un cantique divin.

Étrangers par le cœur, unis par la fortune,
Amants d'un jour, suivis d'une foule importune,
La novice Gertrude et l'ardent Clidamis,
Conduits par leurs parents, aux yeux de leurs amis,
Se jurent sur l'autel une tendresse égale,
Prênent Dieu pour garant de leur foi conjugale;
Minuit sonne, un lévite, en élevant la main,

Asperge gravement la couche de l'himen.
Un mois entier se passe au sein de la folie,
Sans réfléchir que rien ne rompt ce que Dieu lie :
Bientôt l'expérience, aux époux étonnés,
Apprend que l'un pour l'autre ils ne furent point nés.
De leur triste union ils ont à peine un gage,
L'indissoluble nœud leur semble un esclavage....
Chacun d'eux s'en console, et d'un commun aveu,
Brise le joug trop lourd imposé par un Dieu.

Infidèle à l'himen, trafiquant de ses charmes,
Marâtre à ses enfants, Gertrude est en alarmes
Et veut avec le ciel se réconcilier.
Aux pieds de son pasteur, habile à pallier
Des fautes dont lui même il devient le complice,
Gertrude, en répandant quelque larme factice,
Fait le récit touchant de ses longues amours,
Du Christ contre la chair implore le secours.
De la part de Jesus, le béat, par avance,
En agitant les doigts, purge sa conscience,
Et pour tout châtiment (indulgent directeur)
Ne permet que pour lui les doux penchants du cœur.

Un tyran, plus chargé de crimes que d'années,
Est-il prêt à subir l'arrêt des destinées ?
Un prêtre officieux, plus faux que ses flatteurs,
Du remords qui l'accuse étouffant les clameurs,
A son cerveau malade offre un Dieu de clémence :
« Un mot peut désarmer la céleste vengeance ;
» Des vœux et des présents lavent tous les forfaits ;
» Mais on ne fléchit Dieu qu'à force de bienfaits ;
» Pour être aimé du père, il faut doter la fille :
» De l'Eglise et du Christ la nombreuse famille

» A besoin de secours ; et d'ailleurs, un mortel
» Peut-il trop acheter le salut éternel ?

Ainsi, jusqu'à la mort, depuis notre naissance,
L'intérêt, seul, du ciel fait agir l'influence.

LXXVII.

L'Être qui d'un seul mot commande à l'univers,
Qu'on adore en tous lieux sous tant de noms divers ;
Qui peut tout, dont on croit la sagesse infinie,
Qu'on ne voit point, qu'on sent ; ce Dieu, c'est le Génie.

LXXVIII.

Enfants de Mahomet, du Christ et de Moïse ;
Vous, sectaires nombreux, qui divisez l'Eglise ;
Vous qui reconnaissez Brama pour votre Dieu ;
Et vous, adorateurs du Soleil ou du Feu :
Accourez en silence, habitants de la terre :
Au pied du tribunal de la Raison sévère,
Comparaissez, suivis de tous vos préjugés :
La Raison vous attend ; venez être jugés....

Tombez, temples, séjour de l'erreur ou des crimes ;
Tombez, autels chargés ou d'or ou de victimes !
Et toi, fuis, disparais, fantôme de la nuit ;
Le jour de la raison se lève enfin et luit.
Cette divinité, née au sein des ténèbres,
Qui plongeait vos esprits dans des songes funèbres ;
Approchez-en, mortels ! observez-la de près ;
Venez, touchez, palpez, privé de ses apprêts,

Ce colosse effrayant, objet de vos hommages,
Qui vous voyait tremblants aux pieds de ses images...
Mortels, vous imitiez ces chevaliers errants
Que Cervente, avec grace, a peints dans ses romans.

LXXIX.

Est-ce une erreur ? que vois-je ? et quel enchantement ?
Ainsi qu'Epiménide, ai-je donc en dormant
De trois siècles entiers parcouru la carrière,
Ou m'a-t-on transporté dans un autre hémisphère ?
Partout, autour de moi, quel changement heureux !
Prophète, l'avenir s'ouvre-t-il à mes yeux ?
Des préjugés vaincus la terre délivrée
Voit-elle enfin régner la fabuleuse Astrée ?
L'auguste vérité rallume son flambeau :
Enfin, sur l'univers il luit, ce jour nouveau
Que l'erreur trop long-temps voila de ses nuages :
Les mortels éclairés sont devenus plus sages.
Ce Dieu Sylphe, en tous lieux invisible et présent,
Ce talisman fatal, ce fantôme indécent ;
Il est enfin détruit.... et l'univers respire.
D'un Dieu qu'on ne croit plus, le nom saint fait sourire,
Et brille, confondu parmi ces noms plaisants
Qu'inventa la féerie, et qu'elle offre aux enfants.
L'homme a chassé son Dieu du ciel et de la terre,
Le sçavant, Dieu lui-même, imite le tonnerre.
De la nature, enfin, l'homme a surpris l'aveu.
L'univers par lui-même existe sans un Dieu ;
Sans un Dieu, l'homme vit et la plante végète ;
Sans un Dieu, dans nos champs, la douce violette
Fleurit sous l'herbe, au pied de l'orgueilleux sapin ;
Sans un Dieu, de l'agneau le tigre est l'assassin,

Sur la religion la politique entée
Du despotisme ouvrait la route fréquentée ;
Dieu, tyran des mortels, en faisait des tyrans ;
La superstition isolait leurs penchants.
Etranger pour le ciel, l'homme né pour la terre,
Ne s'élancera plus au-delà de sa sphère.
Il n'est point né tout seul ; il doit, pour être heureux,
De la société contracter les doux nœuds.
Partie indispensable au tout du grand systême,
Dans l'ordre et l'harmonie est son bonheur suprême.

LXXX.

Où portai-je mes pas, par la foule entraîné ?
Quel éclat vient s'offrir à mon œil étonné ?
Pourquoi tous ces flambeaux, ces urnes funéraires,
Ces longs habits de deuil, et ces chants mortuaires ?
Quel est ce monument d'écussons enrichi ?
Sous un manteau de pourpre il est enséveli.
Pour qui ces lames d'or, ces colonnes d'albâtre ?
La mort jamais eut-elle un si brillant théâtre ?
Pourquoi sont préparés ces suprêmes honneurs ?...
Ce fastueux cercueil n'est point baigné de pleurs.
En ces lieux, la tristesse, hélas ! n'est qu'en peinture ;
On approche, en riant, de cette sépulture :
En vain, dans sa tribune, un prêtre courtisan
Fait de l'illustre mort l'ingénieux roman ;
L'austère vérité, malgré l'art oratoire,
Tout bas, dans tous les cœurs, vient flétrir sa mémoire,
Et d'un souffle ternit ces éloges pompeux
D'un prince, le fléau du peuple malheureux ;
On honore le rang, on foule aux pieds la cendre,

En vain sur son tombeau du ciel on fait descendre
Un Dieu trop complaisant, qui l'absout à grands frais ;
La Raison contre lui prononce ses arrêts.
L'évêque bien payé fait son apothéose ;
Mais on a peine à croire à la métamorphose ;
Le peuple inconséquent lui-même ouvre les yeux,
Et doute des vertus de tous ses Demi-dieux.

LXXXI.

La vertu, de tout temps, est la même en tous lieux ;
Partout, on est sensible aux pleurs des malheureux ;
Partout, on sent le prix de l'amitié sincère ;
Une mère, en tous lieux, est toujours une mère.

Si le reste est douteux, nos devoirs sont certains,
Et sans le doigt d'un Dieu, l'homme fait ses destins.

LXXXII.

Invoqués tant de fois, invoqués à grands cris,
Vos Dieux, au fond du ciel, seraient-ils endormis ?
Peuples, pour vous les rendre indulgents et propices,
Vous prodiguez en vain l'encens, les sacrifices ;
Ces Dieux présents partout, ces Dieux bons et puissants,
Ferment l'oreille aux vœux de leurs tristes enfants.
Le pauvre en vain s'adresse aux Puissances célestes ;
Pour soutenir ses jours, il convoite les restes
Qui tombent rarement de la table des grands,
Et qu'il dispute encore aux dogues dévorants.
La jeune épouse, en vain, par la douleur vaincue,
Prête à devenir mère, au ciel porte la vue,

Et répète à grands cris : « Mon Dieu, délivre-moi,
» Si tu me rends au jour, je ne vis que pour toi. »
Du sçavant accoucheur la main habile et sage,
Sans le secours du ciel, facilite un passage
Au fardeau précieux de la mère aux abois,
Qui deviendra féconde encor plus d'une fois.

Dévot pâle et contrit, que veux-tu que je pense
De ton Dieu qui, toujours avare de clémence,
Aux importunités ne cède qu'à regret,
Et te fait acheter le plus léger bienfait ?
Un père peut-il voir sa famille en alarmes,
Tremblante à ses genoux arrosés par ses larmes,
Mendier chaque jour son pain quotidien,
Et le solliciter pour être son gardien ?
Dévot inconséquent, que ton cœur se rassure !
Par tes pleurs, à ton Dieu cesse de faire injure !
S'il est ton père, il doit, prévenant leurs besoins,
Exempter ses enfants de réclamer ses soins.

LXXXIII.

Dieu, dit-on, *est partout*... et partout sont des crimes ;
Les hommes sont partout ou bourreaux ou victimes ;
L'or qui sans s'arrêter passe de main en main,
Tous les jours, en tous lieux, est teint de sang humain.
Dans l'univers entier, rien, dit-on, *ne s'opère*
Sans l'ordre d'un Dieu bon... mais sous un si bon père,
Pourquoi donc voyons-nous, dans ce lieu de douleur,
Chaque moment du jour marqué par un malheur ?

« Le bien est fils du mal ; le jour naît des ténèbres ;

» Vénus a plus d'appas sous des habits funèbres ;
» Un bonheur continu deviendrait un fardeau. «

En est-il de la vie, ainsi que d'un tableau ?
Comme un vulgaire artiste, eh quoi ! ce Dieu si sage,
Pour faire ressortir un noble personnage,
Immolerait-il donc le reste des mortels ?
Que ceux qu'il rend heureux lui dressent des autels !

« Mais Dieu ne pouvait pas se donner des semblables ? »

Non. Mais pourquoi créer des êtres misérables ?
Des atômes souffrants devraient blesser ses yeux...
Que ne s'admirait-il, tout seul, au fond des cieux !

LXXXIV.

. . . . Si la religion,
(Innocent préjugé, paisible opinion,)
N'eût point, chez les mortels, causé plus de ravages
Que les débats nombreux des savants et des sages ;
Si pour venger des mots, les docteurs tolérants
N'eussent point animé les peuples ignorants ;
Si l'intérêt, masqué sous le nom d'un saint zèle,
N'ensanglantait jamais la divine querelle ;
Si Rome et la Sorbonne, aux gages du ligueur,
N'eussent rendu cruel des peuples le meilleur ;...
Ma muse sur la scène aurait chargé Thalie
D'amuser aux dépens de la théologie ;
A côté de l'Avare, auprès de Trissotin,
J'aurais fait comparaître Origène et Calvin,

Mais encore aujourd'hui, la raison elle-même,
Suffit à peine, hélas, pour combattre un système
Consacré par la crainte, affermi par le temps :
Pour effrayer les Dieux, il fallut des Titans.

LXXXV.

Sorbonique docteur, tu dis : Il est un Dieu !
En même temps, dis-moi : sous quels traits, en quel lieu
A-t-il manifesté sa divine existence ?
Pour la rendre sensible à notre intelligence,
Pourquoi donc employer le fer et les buchers ?
Pourquoi dans nos pasteurs voyons-nous des bouchers ?
Vêtus de la toison de leur troupeau, les traîtres
Egorgent leur troupeau pour lui prouver ses maîtres.

LXXXVI.

Il n'est point de vertus, si l'on admet de Dieux :
Effrayé du Tartare, alléché vers les cieux,
A la crainte, à l'espoir, tour-à-tour, l'homme en proie,
N'est plus rien par lui-même, et jamais ne déploie
De son cœur généreux les sublimes élans ;
Sous la verge invisible, il marche, à pas tremblants,
Dans le cercle tracé par la théologie,
Et n'ose se livrer à sa propre énergie.

Tel le coursier, jadis bondissant dans les bois,
S'il tombe entre les mains des écuyers adroits ;
Sous les murs d'un manége, esclave d'un esclave,
Il végète sans gloire, ou meurt dans une entrave.

LXXXVII.

Prêtre! à tes saints autels, pour amener le sage,
Donne-lui de ton culte une plus haute image:
Dans nos temples mesquins quand il porte ses pas,
Il cherche Dieu par-tout et ne le trouve pas;
Sa foi chancèle, expire au pied du sanctuaire.
« O honte! Quoi! c'est-là le maître de la terre!
» Quoi! l'homme (se dit-il) tient sous la clef son Dieu;
» L'homme, quand il lui plaît, le promène en tout lieu...
» L'âge mûr rend un culte aux hochets de l'enfance;
» Les grelots de l'enfant, le vieillard les encense....
» Du moins, aux yeux de l'homme, on ne devrait offrir
» Que des objets qu'il puisse adorer sans rougir. »

LXXXVIII.

... Que l'homme est grand, quand du fond d'un palais,
D'un mot, il donne au monde ou la guerre ou la paix!
Qu'il est grand, quand au sein d'un fragile navire,
Sur l'Océan rebelle il exerce l'empire;
Lorsque de la nature il désarme la main,
Et dirige à son gré le tonnerre incertain!
Fléau du crime heureux, espoir de l'innocence,
Qu'il est grand, quand, armé d'une mâle éloquence,
Ou par le doux accord et le charme des vers,
Il crée un même esprit à mille esprits divers !...
Mais hélas! qu'il est vil, quand aux genoux des prêtres
Il rampe et tremble au nom du Dieu de ses ancêtres!
Qu'il est vil et méchant, quand d'un fer assassin,
Il frappe son semblable errant dans son chemin !

LXXXIX.

Envain, prêtres adroits, vous vous applaudissez
D'enchaîner à vos pieds nos vieillards délaissés,
Le citadin oisif, l'habitant des campagnes,
Les rois et leurs flatteurs, les reines, leurs compagnes;
Dans la foule, par fois, les sages, les sçavants,
Daignent sur vos trépieds brûler un grain d'encens,
Et prêter à vos voix les accords de la lire....
A vos solemnités les voyez-vous sourire,
Ou froncer le sourcil à vos discours menteurs?
Prêtres! si vous lisiez au fond de tous les cœurs!...
L'un, brisé sous le joug des passions funestes,
De son culte, à vos Dieux ne donne que les restes;
Cet autre, à son insçu, par l'exemple entraîné,
Croit tout sans examen, et meurt comme il est né.
Trop ami du repos, le philosophe même,
Souffre, pour l'obtenir, l'onction du saint chrême,
Et pour avoir la paix se déguise à vos yeux....
Nous redoutons bien plus le prêtre que ses Dieux.

LXXXX.

Qu'on parcoure ce globe!... et le Christ et Moyse,
Mahomet et Brama, (chacun dans son église)
Se partagent l'encens des crédules mortels:
Toi seule, ô Vérité, toi seule es sans autels.

LXXXXI.

Ciel ! que ce fruit est beau ! quel parfum ! quel éclat !
Au Dieu qui te nourrit rends donc grace, homme ingrat...

Arrête ! homme pieux, cher à la providence :
Ce beau fruit, apprêté des mains de la vengeance,
Recèle un noir poison ; loin de t'en prévenir,
Ton Dieu, sans moi, ton Dieu t'aurait laissé périr.

LXXXXII.

O Toi, dont je combats la douteuse existence !
Dieu sévère, pourquoi, prodigue de clémence,
Pourquoi me permets-tu (faible et hardi mortel)
De blasphêmer ton nom, d'outrager ton autel ?
Sans effroi, sans remords, impunément impie,
Pourquoi m'applaudissant de ma philosophie,
Suis-je heureux, quand j'ai pu, dans mes vers destructeurs,
Déchirer le bandeau de tes adorateurs ?
Il en est temps encor ; montre-moi ta lumière ;
Si je suis dans l'erreur, elle est involontaire.
Il en est temps, parais ! Dieu de nos bons aïeux,
Plus sçavants qu'eux, pourquoi sommes-nous moins pieux ?
Un despote tremblant est toujours invisible ;
A ses enfants qu'il aime un père est accessible :...
Pourquoi te dérober aux yeux de tes enfants ?...
Dieu bon, choisis du moins des prêtres moins méchants.

LXXXXIII.

Quand je porte mes pas dans ces vastes dépôts,
Qui de l'esprit humain conservent les travaux :
O combien d'écrivains, dans leurs nombreux volumes,
Pour me prouver un Dieu, consacrèrent leurs plumes !
Docteurs ! pourquoi verser tant d'encre et tant de fiel ?
Laissez plaider à Dieu les intérêts du ciel.
Si de tant d'avocats Dieu brigue l'éloquence ,
Si Dieu n'a que des mots pour moyens de défense ;
Que sa cause est douteuse aux yeux de la raison !

Dieu sage, en te montrant réalise ton nom.

LXXXXIV.

Courageux défenseurs des vérités hardies !
Paisibles écrivains, ô vertueux impies !....
O toi, le précurseur du sage Spinosa,
Sage Epicure ! et toi, qui (le premier) osas
Chasser les Dieux du ciel aux accents de la lyre !
Lucrèce, dans mon cœur fais passer ton délire.
Qu'on puisse, après ton nom, un jour citer le mien !
Qu'on dise un jour de moi : « paisible citoyen,
» Pour défendre le vrai, généreuse victime !
» Il n'eut pour ennemis que les amis du crime. »

Unique bien du sage, auguste Vérité !
Couronne mes efforts ; pour toi, j'ai tout quitté,
Les plaisirs, le repos, les honneurs, la richesse ;
Je t'ai sacrifié les jours de ma jeunesse,

J'aurais pu promener ma muse chez les grands,
Echanger leurs faveurs contre un coupable encens,
Ou bien pour plaire au peuple, en un honteux délire,
Des préjugés sacrés étendre encor l'empire.
Mon nom en lettres d'or brillerait chez Plutus.
Sans gloire, enveloppé de stériles vertus,
Las ! je végète, en butte aux coups les plus funestes...
Auguste Vérité ! qu'ai-je dit ! . . . tu me restes.

LXXXXV.

Mortel, pour être heureux, n'attends pas l'autre vie.
Qui sçait si du néant la mort n'est point suivie ?
Use bien du présent ; jouis et fais jouir :
Et sans avoir vécu, crains sur-tout de mourir.

LXXXXVI.

Pourquoi dans sa tannière, au milieu du carnage,
Le tigre au créateur ne rend-il pas hommage,
A l'exemple de l'homme, à la fin d'un combat ?
Dieu doit l'être à la fois du tigre et du soldat.

LXXXXVII.

Paisibles métayers, crédules mercenaires,
De nos pasteurs oisifs nourriciers débonnaires ;
Pour payer vos bienfaits, vos pasteurs menaçants
Portent de faux remords dans vos cœurs innocents,
Troublent vos plaisirs purs par l'image infidèle
D'un avenir douteux qu'ils ont peint sans modèle.

Loin de vous diriger dans vos rudes travaux,
D'embellir vos devoirs et d'alléger vos maux;
Ils glacent de terreur vos enfants et vos femmes :
Dans l'une et l'autre vie infortunés, aux flammes
Vous serez tous livrés, vrai gibier du démon,
Pour n'être point venus dormir à leur sermon,
Pour avoir, un moment, oublié, dans la danse,
La taille et la corvée, et la dure impudence
Des commis inhumains, et mille autres fléaux
Qui vous forcent à croire aux tourments infernaux;
Tandis qu'après leur messe, assis au réfectoire,
De pieux fainéants gagnent le purgatoire;
Tandis que leur prieur, en un sérail divin,
Dans les bras des houris, s'ouvre au ciel un chemin.

LXXXXVIII.

Que le Très-haut, Très-grand, est petit à Versaille !
Comme il rampe à la cour !... La noble valetaille,
Au monarque visible adresse tous ses vœux;
Les restes de l'encens sont pour le Roi des cieux.
Dieu n'est que le premier vassal de la couronne;
L'autel est pour les rois le marchepied du trône....

Au lever de son prince, on assiste, frappé !
De sa bouche entr'ouverte au hasard échappé,
Un mot fait le destin d'une province entière;
Empreinte de ses pas, on baise la poussière....
Au lever de son Dieu l'homme est plus enhardi;
Par fois il s'y permet un méprisant oubli;
Loin d'en être accablé, la divine présence
N'obtient le plus souvent que son indifférence :

Il forme aux saints autels, de profanes désirs;
Même aux yeux de son juge, il pense à ses plaisirs.
Familiarisés avec le sanctuaire,
Rougissant en secret de leur saint ministère,
Nos pontifes, fléaux de l'incrédulité,
Eux-même, osent douter de leur divinité....

LXXXXIX.

Que le métier de prêtre est ignoble et coupable !
L'histrion ambulant n'est pas plus méprisable.
Porter toujours un masque et mentir à son cœur,
Contre la vérité déposer sans pudeur ;
Ainsi que les brigands et les oiseaux funèbres,
Pour s'assurer sa proie, attendre les ténèbres ;
N'oser penser tout haut, parler à double sens,
Le fer dans une main et dans l'autre l'encens ;
Esclave intéressé du tyran qui le gage,
Former au joug, dresser le peuple à l'esclavage,
Tromper également l'état et les sujets,
Et des malheurs publics composer ses succès....
Suivons encor le prêtre au milieu des familles,
Il aveugle la mère, endoctrine les filles,
Des fils plus clair-voyants fait avorter l'esprit,
Puis derrière l'autel va se cacher et rit.

C.

Mes amis, soyons vrais et disons : Dieu n'est pas,
Mais consolons-nous-en : l'âge affermit nos pas ;
Aurions-nous de c toujours besoin d'une lisière ?
Osons marcher tout-seuls dans ce jour de lumière.
Ainsi que l'univers, l'homme au fond de son cœur
Porte un agent secret, un intime moteur,
Qui le guide en tous lieux, le retient ou l'anime,
Le mène à la vertu, le détourne du crime,
Règle ses passions et veille à nos besoins.
A le garder intact appliquons tous nos soins.
Ne résistons jamais à cette voix secrète :
Mais c'est à notre cœur d'en être l'interprète.
Pour remplir ses devoirs, pour être juste et bon,
Le berger ignorant en sçait plus que Newton.

C I.

S'il est l'œuvre d'un Dieu, le monde est peu de chose ;
J'attendais beaucoup plus d'une aussi grande cause.....
Si le bien prouve un Dieu ; le mal, que prouve-t-il ?...
A ces deux arguments, réponds, docteur subtil.

C I I.

Est-il donc si puissant, si grand, si débonnaire,
Ce Dieu qui fit le monde ? il aurait dû mieux faire.
L'architecte, par fois, est sublime à mes yeux ;
Que m'importe un palais, si j'y suis malheureux ?

CIII.

O vous, du crime heureux victimes innocentes,
Recevez mon tribut de larmes impuissantes.
Vous élevez au ciel des yeux chargés d'ennuis.
Si j'étais votre Dieu, vos maux seraient finis.

CIV.

A la tendre amitié le sauvage est fidèle ;
De l'hospitalité les droits lui sont connus :
Heureux si l'Espagnol l'avait pris pour modèle !
Avant qu'il eût des Dieux, l'homme avait des vertus.

CV.

Oui ! je croirais un Dieu ; toute mon existence,
Je la consacrerais à louer son essence ;
Si le tyran, dévot, devenait plus humain ;
Si l'avare, pieux, ne fermait plus la main
A son semblable en pleurs, à son malheureux frère,
Lui demandant du pain, au nom de Dieu, leur père....
A ce prodige heureux je te reconnaîtrais,
O toi, l'épouvantail du peuple et non des rois.

CVI.

EN admettant d'un Dieu la suprême existence,
Loin d'être terminé, mon embarras commence....
Comment l'être impalpable a-t-il pétri nos corps,
Modifié nos sens et forgé nos ressorts?
Quel point occupe-t-il dans la nature entière?
Comment un pur esprit créa-t-il la matière?
Dieu n'a-t-il mis que l'ordre, ou fut-il inventeur?
Hors du Tout, quel espace occupe son auteur?
Ou, l'ouvrier s'est il logé dans son ouvrage?
F. la cause et l'effet seraient-ils du même âge?.... &c.

CVII.

OUI! la crainte d'un Dieu dégrade, avilit l'âme,
Et du génie en nous éteint la noble flâme.
Rien de grand n'est sorti de l'esprit d'un dévot:
Esclave fait au joug, et semblable au sabot,
Il tourne et s'étourdit sous le fouet de ses prêtres;
Et meurt, s'il ne sent plus la verge de ses maîtres.

CVIII.

CETTE coutume horrible, et dans l'Inde suivie,
D'immoler une veuve, exempte de forfait,
Sur le bucher ardent de son époux sans vie:
De la religion c'est encore un bienfait,

C I X.

» Mais (pourront m'objecter nos plus sensés docteurs,)
» Aimer est un besoin pour tous tant que nous sommes ;
» Sans Dieu, comment remplir le vuide de nos cœurs ?....
» A la place d'un Dieu, qu'aimeras-tu ?... »

Les hommes !

C X.

» Laisse ta lyre en paix, ou chante ton Iris :
» Contre un préjugé saint dont ce globe est épris,
» Des vers hardis et forts sont de trop faibles armes :
» Pour le peuple abruti l'erreur a trop de charmes ;
» Et les tyrans, pour l'être, ont besoin de l'erreur.
» Que peut contre le culte un poëte penseur ?
» Jeune homme, laisse en paix ton impuissante lyre. »

Peu se montrent jaloux d'un stérile délire ;
Le mensonge prescrit contre la vérité ;
Je le sçais : mais pour moi quelle félicité,
Si je puis détromper un seul de mes semblables,
Et le faire rougir de leurs honteuses fables !...
Mais ne pourrait-on pas plus loin porter les vœux ?...
Si, d'un grand caractère, un sage pouvait naître !....
J'aime à le pressentir... pour détruire les Dieux,
Il ne faudrait qu'un grand homme peut-être.

CXI.

Nous cherchons tous, en vain, le bonheur sur la terre;
Hélas ! il n'est pas même au fond de notre cœur ;
(Les plus sages l'ont dit.) Ce n'est qu'une chimère...
S'il existait un Dieu, je croirais au bonheur.

CXII.

Quand un dévot hagard, d'un ton d'énergumène,
S'enroue à me crier dans ses piteux sermons :
Crois en Dieu ! crains sur-tout sa vengeance certaine !...
Eh ! puis-je croire un Dieu prêché par des démons ?

CXIII.

En défendant vos Dieux, vous leur faites injure ;
Ne peuvent-ils sans vous se venger d'un parjure,
Qui les prive d'encens et souille leurs autels ?
J'ose me mesurer avec les immortels :
Vous, peuples de croyans, modérez votre zèle,
Et soyez seulement témoins de la querelle.

Accepte le défi, Dieu de nos bons aïeux :
Tu régnas trop long-temps, en paix, au fond des cieux ;
Vieux despote ! un moment, viens ! descends de ton trône ;
Fais mieux ; préviens ta chûte ; abdique la couronne.
Impatients du joug, déja de tous côtés,
Par le sage conduits, tes sujets révoltés,
Te demandent raison de leurs malheurs sans nombre :
Réponds, Dieu tout-puissant, ne serais-tu qu'une ombre,

Un fantôme de nuit que dissipe le jour ;
Indigne également et de haine et d'amour ?....

Dieu fit l'homme d'un souffle ; admirons sa puissance.....
De Dieu, l'homme d'un souffle a détruit l'existence.

CXIV.

Dieu (dit-on) *avant tout*. Dangereuse maxime !
Qui trop souvent, hélas ! conduisit l'homme au crime,
Et rompit les saints nœuds de la société....

Aux devoirs qu'exigeait sa vive piété,
Toute entière livrée, et sourde à la nature,
On vit (serai-je cru de la race future ?)
Une fille à son père, expirant sans secours,
Refuser le breuvage ordonné pour ses jours ;
Il faut qu'elle aille au temple à l'heure coutumière ;
Le père, abandonné, meurt pendant la prière ;
Sa fille de retour, en lui fermant les yeux,
Jette à peine une larme, et rend graces aux cieux.

CXV.

Trop long-temps on a cru que né pour l'ignorance,
A des travaux grossiers bornant son existence,
Le peuple, vil troupeau, par l'instinct seul conduit,
Végétait sur la terre, indigne d'être instruit.
« Profanes ! loin d'ici ; respectez nos mystères ;
» Les initiés seuls ont droit d'être nos frères. »

Ainsi parlait au peuple un prêtre de Memphis ;
Et le peuple crédule, aux autels d'Osiris,
Allait, en murmurant, présenter son hommage ;
Et, le temple fermé, n'en sortait pas plus sage.
Les étrangers fameux, et d'illustres amis,
A ces mystères saints pouvaient seuls être admis.
Là, les plus grands objets de la philosophie,
Passaient développés sous les yeux du génie,
Et formaient des sçavants et des législateurs.
C'était là qu'au milieu de vrais adorateurs,
L'auguste Vérité, belle, et cependant nue,
Au reste des mortels dérobait sa venue.

Eh ! pourquoi la soustraire au reste des humains ?
Est-elle un instrument dangereux dans leurs mains ?
Peuples, l'ignorez-vous, on vous berce de fables ;
On vous tient en enfance ; on vous croit incapables
D'amour pour la Raison et pour la Vérité.
On place dans l'erreur votre félicité.

O Chefs des nations, législateurs célèbres,
On vous vit, pour régner, épaissir les ténèbres ;
Et le bandeau sacré qui ceint le front des rois,
Sur d'autres yeux encor passa plus d'une fois ;
Tous les hommes pourtant ont droit à la lumière.
Pourquoi donc vous vit-on, ô sages qu'on révère,
Sur la vérité nue étendre un noir manteau,
Et dans le fond d'un puits éteindre son flambeau ?
Pourquoi vous distinguer du vulgaire profane ?
Pourquoi tous ces détours ? La Vérité condamne
Ces dogmes ambigus, ce ton mistérieux,
Cette double doctrine et ces noms captieux,

F 4

Qui la font méconnaître et retardent sa marche.
On peut impunément porter la main à l'Arche.
L'arbre de la science à tous offre son fruit,
Pour être heureux, le peuple a besoin d'être instruit.

CXVI.

Plus désintéressés, du moins, jadis, les Dieux
Ne coutaient presque rien à nos dévots aïeux.
On les satisfaisait, en les couronnant d'herbes;
Ils n'étaient point logés dans des temples superbes.
Sur une pierre brute, au fond d'un bois épais,
Un tronc d'arbre taillé sans art et sans apprêts,
A l'esprit simple encor retraçaient leurs images.
Le prêtre, pauvre alors, n'exigeait point de gages.
Le prêtre d'autrefois, sobre comme son Dieu,
Toujours vêtu de lin, se contentait de peu.
Il ignorait encor l'art de laver les crimes,
En versant l'eau lustrale ou le sang des victimes;
Et les autels chargés, ou de fruits, ou de fleurs,
Sans les glacer de crainte, appelaient tous les cœurs.
Au retour du printemps, quand l'aurore brillante
Annonçait du soleil la pompe ravissante,
Tous les peuples épars sur le sommet des monts,
Adressaient un cantique à ses premiers rayons,
Et célébraient en chœur l'époux de la nature.
Soleil, à ton flambeau tout s'anime et s'épure;
Ame de l'univers, sans doute les mortels
Te devaient honorer de leurs premiers autels.
De tes propres bienfaits tu reçus les prémices.
Heureux! s'ils n'eussent point changé de sacrifices,

Ah ! pourquoi renoncer à ce culte innocent,
Légitime tribut d'un cœur reconnaissant ?
Trop crédules humains, on fascine vos yeux :
Il est né parmi vous, cet Envoyé des cieux ;
Il n'est point fils de Dieu. Ses préceptes bizares,
Hélas ! vous conduiront à des scènes barbares.
Vous vous donnez un maître. Arrêtez ! l'imposteur,
De sa religion lui-même il est l'auteur.
Le meurtre d'un agneau mène à de plus grands crimes.
Craignez qu'on ne vous compte au nombre des victimes.
Vos paisibles pasteurs deviendront des bourreaux.
Le faste et l'intérêt, dans vos temples nouveaux,
De vos antiques mœurs dissiperont les restes.
Que vous regretterez, un jour, vos Dieux agrestes !
A vos bronzes dorés, dans l'indigence en vain,
Vous irez demander de beaux jours et du pain ;
Nourris de vos sueurs, froids comme leurs reliques,
Vos prêtres sans pitié, sous vos yeux faméliques,
Mangeront votre dîme ; et leur stérile encens,
Seul, brûlera pour vous dans vos besoins pressants.
Attendez-vous encor à bien d'autres injures ;
Las ! si vous n'acquittez leurs droits de sépultures ;
De vos temples fermés expirants sur le seuil,
Vous n'en pourrez pas même obtenir un linceuil.

CXVII.

» Un coursier mal dressé, pour se donner carrière,
» Mord son frein, et du pied veut briser sa barrière.
» Tel l'incrédule ! un Dieu gêne ses passions.
» Pour se livrer sans crainte à leurs impulsions,

» L'impie, embarrassé d'un témoin trop sévère,
» Ment à sa conscience, et de dessus la terre,
» veut effacer le nom du Dieu de la vertu ;
» Frein sacré, trop pesant pour son cœur corrompu ! »

Devant un cercle oisif de femmes endormies,
Tels sont les vains propos, les plates homélies,
Qu'un lévite sans mœurs prêche pour vingt ducats...
Alors, comme au bareau, parmi les avocats,
Que n'est-il donc par fois permis à l'auditoire,
D'arrêter le prêcheur dans sa course oratoire !
Alors je lui dirais :
     Un paisible penseur,
Qui, loin d'un monde faux, rentre au fond de son cœur,
Qui voit la Vérité sacrifiée au schisme ;
Qui gémit en secret des maux du fanatisme,
Et refuse de croire à la divinité,
Par un louable excès de sensibilité,
De Dieu, s'il existait, serait la vive image....
Vil calomniateur, instrument de dommage,
Rougis, si tu le peux, prêtre fourbe, ignorant...
Arrête... A son exemple, au moins sois tolérant.

CXVIII.

PRÉDICATEURS hagards, pourquoi ce vain courroux ?
Pourquoi ces longs *hélas !...* de quoi vous plaignez-vous ?
à certains jours chommés, dans la tribune sainte,
On vous entend crier :
     « Sortez de cette enceinte,

» Profanateurs du temple ! enfants, enfants ingrats,
» L'église, votre mère, en vain vous tend les bras ;
» Vous dormez à sa voix ; vous dédaignez ses charmes,
» Et d'un sourire amer vous payez ses alarmes.
» Princes, quand on vous voit séjourner en ce lieu,
» On dirait à vous voir que vous *protégez Dieu.*
» Vous portez sur l'autel un regard téméraire...
» Esclaves, à genoux, devant le sanctuaire...
» Adorez et tremblez ! votre maître est ici. »

Tais-toi, prêtre menteur, ministre de l'ennui.
Je ne vois que de l'or dans tes saints tabernacles ;
Et ce n'est pas ainsi qu'un Dieu rend ses oracles.
Descends de ta tribune, orateur impudent,
Ou du moins sache mieux user de ton talent...
Ecoute : es-tu jaloux d'un glorieux suffrage ?
Voudrais-tu mériter celui même du sage ?
Parle moins de ton Dieu : laisse-là tes démons !
De tous ces lieux communs purge enfin tes sermons.
Cite moins l'évangile et sa fausse morale.
Garde-toi de crier d'une voix doctorale :
» Qui m'aime, me suivra : c'est un Dieu qui l'a dit ;
» Délaissons père, époux, pour suivre Jesus-Christ.
» Après Dieu, c'est ton Roi... Les nœuds du mariage
» Sont beaux ; mais une vierge à Dieu plaît davantage. »
Tout l'auditoire baille à ces tristes propos.
Près sa mère assoupie, une fille à-propos,
Glisse un billet aux pieds du galant qui la guette :
Celui-ci le ramasse, et d'une main discrette...
On est tout à l'amour, à ses jeux les plus doux,
Et le temple devient un lieu de rendez-vous.

Ne t'en prends qu'à toi seul. On te suivrait sans doute,
De l'esprit et du cœur si tu prenais la route.
Prêche nous la vertu, sans tous ces vains apprêts;
Les hommes ne sont plus habitants des forêts.
Ne parle plus aux sourds, suppose-nous une ame;
Vas, nous ne croyons pas au prêtre qui nous damne.

Simple en tous ses discours j'aimerais un pasteur,
Qui pour me contenir ferait parler l'honneur.
Qui de mes actions m'établirait moi même
Le censeur importun, et le juge suprême.
Qui me ferait rougir devant mes propres yeux,
Sans m'ouvrir les enfers, sans me montrer les cieux!
Combien un tel pasteur édifierait un temple;
Sur-tout s'il mariait le précepte à l'exemple!

CXIX.

Le règne du mensonge, enfin, est expiré;
Du sanctuaire enfin le voile est déchiré!
Enfin! il est venu, ce jour fatal aux prêtres,
Où l'homme examinant la foi de ses ancêtres,
Et sans craindre la foudre interrogeant les cieux,
Aux pieds de la Raison ose citer ses Dieux.
Berceau des préjugés, séjour de l'artifice,
De la religion l'imposant édifice
Tombe à la voix du sage, et ses sacrés débris,
Seuls apprendront sa gloire à nos neveux surpris:
« Eh, quoi! (s'écrieront-ils) c'est donc à ces images,
» Que nos aïeux grossiers prodiguaient leurs hommages?
» Pour contenir le peuple et lui donner des mœurs,
» Ils empruntaient la voix des prêtres suborneurs;

» Et jaloux de leur culte, ils n'avaient point de code,
» Sur des autels souillés était un Dieu commode,
» Complice des forfaits de ses représentants,
» Automate animé par d'adroits charlatans.

Témoins trop impuissants de ces scènes honteuses,
Qu'au moins dans nos écrits nos plumes courageuses,
Laissent un témoignage à la postérité,
Qu'on osait dans ce siècle aimer la vérité.

CXX.

Trop long-temps dans tes murs, ville opulente et fière,
Où le vice en honneur fait pâlir la vertu,
Etranger chez les miens, trop long-temps j'ai vécu,
J'ai perdu la moitié de ma courte carrière.
Sans peine et sans regrets je brise tous les nœuds
Qui m'attachaient à toi, séduisante patrie,
Marâtre, qui corromps tes enfants malheureux,
Tu m'as donné le jour, adieu, je te renie.

Novices étrangers, crédules voyageurs,
Empressez-vous d'entrer dans cette ville immense,
Où le luxe et les arts, enfants de la licence,
Sur le sol usurpé de l'indigent en pleurs,
Elèvent des palais qu'habitent l'indécence,
Le despotisme altier et ses adulateurs.
Visitez avec soin ces brillants édifices,
Que le peuple a bâtis pour loger ses tyrans.
Visitez ces lieux saints où de nombreux croyants,

Pour engraisser le prêtres offrent des sacrifices ;
Où le prêtre sans mœurs moralise en expert.
Orné par le génie et souillé par les vices,
Tout dans ce temple est grand, hors le Dieu qu'on y sert.

   Pour n'y rentrer jamais, de cette ville impie
Je sors ! et sous un ciel plus salubre et plus pur,
Je vais te demander, fortunée Helvétie,
Un asyle où d'un pas républicain et sûr,
Je puisse marcher droit le reste de ma vie.
La liberté, les mœurs te nomment leur patrie :
Sois la mienne : je veux être de tes enfants.
Je veux te consacrer le reste de mes ans.
J'irai gravir tes monts, auguste sanctuaire,
Où la nature habite et se cache au vulgaire ;
J'irai l'interroger et ravir ses secrets.
Là, j'oublierai sans peine, et nos loix trop peu sages,
Et nos rits puérils, et nos dogmes abstraits.
Dans une autre atmosphère, au-dessus des orages,
A moi-même rendu, je gouterai la paix,
Le bonheur exilé de nos humbles rivages.
De viles Passions, là, mes sens dégagés,
Me laisseront à nud nos tristes préjugés ;
Là, je retrouverai ma noblesse première,
Et le génie en moi rallumera ses feux ;
A l'aspect de ces rocs aussi vieux que la terre,
Au bruit terrible et sourd des torrents écumeux
Sur un mode plus fier je monterai ma lire.
Prêtre de la nature, à l'écho des déserts,
Je veux apprendre un hymne ; et, sensible à mes vers,
L'écho prolongera ma voix et mon délire.

A ces nobles élans j'associerai l'amour :
Chaste comme la neige, ornement des montagnes,
Une vierge pour moi quittera ses compagnes...
Doux fruits d'un saint hymen, nos enfants à leur tour
N'auront, ainsi que nous, de Dieu que la nature :
Heureux chef d'une race aussi belle que pure,
Je verrai sans remords luire mon dernier jour.

CXXI.

« Il faut peut-être au peuple une religion....
Mais, que m'importe à moi, s'il est des Dieux ou non !
Dans les détours obscurs de la métaphysique,
Je ne pénètre point. Je suis né pacifique ;
J'aime à rire de tout : tout m'est indifférent.
Un seul point nécessaire est d'être tolérant.
Sans prendre de parti, jouissons de la vie.
N'agaçons point les sots, n'éveillons point l'envie ;
Laissons penser, agir chacun selon ses goûts ;
Sur-tout ne donnons point des armes à des fous.
Voguons à petits flots, cotoyons le rivage,
Sans nous rendre fameux par un brillant naufrage. »

Ainsi, dans un moment que lui laissait l'amour,
Un ami du plaisir me parlait l'autre jour.
Eh, quoi ! la vérité pour toi n'a point de charmes.
Tu la vois expirante, et ne prends point les armes.
Eh, quoi ! (lui dis-je alors.) sous de vils préjugés,
Dans la nuit de l'erreur, tes frères sont plongés ;
Sous un double pouvoir l'univers est esclave.
Et toi, tu dors aux cris du fanatisme ardent.
Tu dors en paix, tandis que l'augure impudent,

Dans les temples remplis, démontre ses mensonges...
La voix de la raison doit dissiper tes songes.
Lève-toi, le jour luit : rougis de tes loisirs ;
L'auguste vérité donne aussi des plaisirs.
Eh, bien ! que tardons-nous, pressons-nous autour d'elle ;
Par un accord parfait montrons-lui notre zèle.
Marchons sous ses drapeaux. Si tous les gens de bien
Faisaient cause commune et n'avaient qu'un lien ;
Si les sages couraient dans la même carrière,
Et ne formaient entr'eux qu'un faisceau de lumière ;
S'ils daignaient sur le peuple, admis à leurs leçons,
De leur flambeau sacré diriger les rayons :
Les tyrans paliraient, malgré la voix des prêtres.
Au grand jour exposés sans leurs masques, les traîtres
N'auraient plus de salut que dans leur repentir.
L'homme, libre en naissant, libre pourrait mourir.

CXXII.

Que fais-tu, prosterné, vil esclave d'un prêtre ?
Debout, homme ! reprends l'attitude d'un maître.
Debout ! respecte-toi ! connais ce que tu vaux.
N'adore point un Dieu, tu n'as que des égaux.
Tu n'es point fils du temps, ta race est éternelle ;
Un Dieu ne t'a point fait, jadis sur son modèle.
De ton être à jamais les premiers éléments,
Servent à l'univers d'éternels fondements.
Indestructible anneau de cette chaine immense,
Qui forme du grand tout la suprême ordonnance ;
De la nécessité tu ne suis que les loix.
Sur ton individu qui peut avoir des droits ?

CXXIII.

Qu'il est fort celui-là qui n'attend rien des grands
Celui qui, fier d'être homme, assis aux derniers rangs
Sans en être ébloui, d'un œil d'indifférence,
Voit le trône éclatant où siége l'ignorance,
Et de pitié sourit à ces titres nombreux,
Ces grands noms réservés pour les crimes heureux !
Que craint-il celui-là sur qui n'ont point de prise
L'ambition et l'or, la gloire qu'il méprise,
Si des esclaves vils seuls en sont les échos ?
En lui la vérité trouvera son héros ;
A lui seul appartient d'en étendre l'empire ;
Il est sans intérêt, il a droit de tout dire.

Quand au son de mon luth ébranlant les autels,
Je porte l'épouvante au sein des immortels ;
Quand du prêtre menteur démasquant l'imposture,
Dans mes vers j'en appèle aux loix de la nature ;
Certes ! ma muse austère, en plaidant pour les mœurs,
N'est point dans le chemin qui conduit aux honneurs.
Quelque sage à l'écart m'applaudira peut-être :
Je me verrai sans doute en butte aux traits du prêtre :
Qu'importe ! dans ton sein, ô médiocrité !
Je me réfugierai : sois ma divinité !

Que de l'ambition volontaire victime,
Un autre aille aux honneurs par la route du crime ;
Pour devenir plus grand, qu'il consente à ramper !
S'immolant aux tourmens pour apprendre à tromper,

Qu'il traîne dans les cours une vie importune !
Il les faut acheter, les dons de la fortune.
La fortune se vend au prix de la vertu.
Ah ! fuyez avec moi le chemin trop battu,
Paisibles citoyens dont l'ame est encor pure ;
Saisissons le bonheur dans une sphère obscure ;
Et laissons l'homme vain se faire un nom fameux.
Il faut vivre ignoré, si l'on veut vivre heureux.
Oui ; dans les mêmes champs où je reçus la vie,
Je la veux terminer, sans jaloux, sans envie.
Cabane, où le destin a placé mon berceau ;
Ton chaume ombragera mon modeste tombeau ;
Le marbre ne doit point illustrer ma poussière.
Que l'herbe laisse à peine en soupçonner la pierre ;
Mais si du voyageur un jour l'œil curieux
Découvre enfin ma tombe ; amis, tels sont mes vœux ;
Dites-lui seulement, sans me faire connaître :
Il mourut à la place où le sort le fit naître.

CXXIV.

VAINQUEUR sur les débris de la Bastille en cendre,
Etonné de ses droits, qu'il venait de reprendre,
on entendit long-temps le peuple de Paris,
Couvert d'un sang impur, répéter à grands cris :
Providence divine à qui tout est facile,
C'est toi qui nous fais vaincre....

     Eh ! non, peuple imbécile.
Tes piques ont tout fait. De vingt siècles d'airain
Le joug pesait sur toi. Tu t'es levé. Soudain,
Les despotes ont fui. Ni ton Dieu, ni ses prêtres,
N'avaient osé jamais lutter contre tes maîtres.

Ton Dieu laissait en paix exister les tyrans,
Ses prêtres, bas flatteurs, lui présentaient l'encens.
Peuple, connais ta force, et fais tout par toi-même;
Tu peux tout; n'attends rien de cet être suprême,
Qui servit trop long-temps d'asyle aux scélérats.
Peuple, oppose à tes rois, non un Dieu, mais ton bras.

ÉPILOGUE.

Pour des temps plus heureux, ma muse destinée,
Plaida de la vertu la cause abandonnée;
Et devant la raison cita les préjugés.
Peut-être trop hardis, mais du faux dégagés,
A l'homme qu'égarait la secte doctorale,
Mes vers ont rappelé les loix de la morale :
Pour prix de mes travaux, trop peu jaloux d'honneurs,
Puissé-je être appelé : *le poëte des mœurs*.

ÉPITAPHE DE L'AUTEUR.

Heureux! qui, né d'un père exempt de préjugés,
Fut élevé par lui, loin des prêtres gagés
Pour enseigner l'erreur, prêcher l'intolérance !
Heureux l'homme ignoré, qui vit dans l'ignorance
Des Dieux, de leurs suppôts, plus méchants que les Dieux,
Des tableaux indécents, des dogmes odieux,
Que la religion, par le despote armée,
Consacre dans l'esprit de la foule allarmée !
Heureux! qui, de la mort pressé par l'aiguillon,
Au sein de ses amis, dans un doux abandon,

Sent couler sur sa main les larmes de ses frères,
Est sourd aux vains propos, aux pieuses chimères
Dont on repaît le cœur du chrétien abattu ;
Et meurt, en prononçant le nom de la vertu.

Amis ! lorsque le temps de son pied trop agile,
Heurtera de mon corps l'édifice fragile,
Que mes débris poudreux par vous soient recueillis !
Par vous, sur mon tombeau, que ces vers soient écrits :

Cy repose un paisible Athée :
Il marcha toujours droit, sans regarder les cieux.
Que sa tombe soit respectée !
L'ami de la Vertu fut l'ennemi des Dieux.

Ad majorem gloriam virtutis.

EXTRAITS
DES APHORISMES
DU SAGE.

N. B. Ce petit ouvrage moral, résumé des fragments sur Dieu et les Prêtres, fut rédigé et mis au jour par le même auteur, pour servir de correctif ou de supplément aux Quatrains de Pibrac, Faure, Mathieu, &c. C'est un livret classique, propre à mettre entre les mains des jeunes républicains ; en soulageant leur mémoire, il leur apprendra à préciser la morale, qui doit tenir le moins de place possible dans leur tête : il faut l'avoir toute dans le cœur.

QUATRAINS

Publiés pour la première fois en 1785, à Genève, sans nom d'Imprimeur.

PROLOGUE.

En vain vous m'offririez vos coupables faveurs,
Muses! qui ne cessez, dans un honteux délire,
De vous prostituer aux plus vils imposteurs;
La seule Vérité prendra soin de ma lyre.

I.

Je crois à la vertu. Mon cœur la sent et l'aime :
Tout ce qui n'est pas elle est étranger pour moi.
Elle seule est sacrée; elle seule a ma foi.
Exceptez la vertu; le reste est un problême.

II.

Trop long temps on a cru que né pour l'ignorance,
Le peuple, vil troupeau, par l'instinct seul conduit,
A des travaux grossiers bornant son existence,
Végétait sur la terre, indigne d'être instruit.

III.

On vous tient en enfance ; on vous croit incapables
D'amour pour la Raison et pour la Vérité ;
Peuples ! l'ignorez-vous ? on vous berce de fables :
On place dans l'erreur votre félicité.

IV.

Mortels, sortez enfin de votre longue enfance ;
Brisez en rougissant les tables de vos loix.
Mortels ! de la Raison le règne enfin commence :
Apprenez vos devoirs et connaissez vos droits.

V.

Que fais-tu, prosterné, vil esclave d'un prêtre ?
Debout ! respecte-toi ; connais ce que tu vaux.
Debout ! homme ! reprends l'attitude d'un maître.
N'adore point un Dieu, tu n'as que des égaux.

VI.

Un Dieu ne t'a point fait jadis sur son modèle :
De ton être à jamais les premiers élémens,
Servent à l'univers d'éternels fondemens ;
Tu n'es point fils du temps ; ta race est immortelle.

VII.

Sur ton individu qui peut avoir des droits ?
Indestructible anneau de cette chaîne immense,
Qui forme du grand Tout la suprême ordonnance,
De la nécessité tu ne suis que les loix.

VIII.

Homme ! dans l'univers, ta mort et ta naissance,
O homme ! n'ôtent rien, ne mettent rien de plus :
L'univers pèse autant dans la grande balance,
Pendant que tu vivais qu'après que tu vécus.

IX.

Il est un droit sacré commun à toute chose :
C'est le droit d'exister. Le passé, l'avenir,
Le présent sont des mots. Tout est effet et cause.
Non ! rien n'a commencé. Non ! rien ne doit finir.

X.

La nature appartient à chaque être en naissant :
L'homme, sans relever d'un maître imaginaire,
Placé hors de ce monde au séjour du néant,
L'homme est de l'univers le grand propriétaire.

XI.

Amis, écoutez-moi ! la vie est une chaîne,
Où sont entrelacés et les biens et les maux :
En vain on en murmure ; aucune force humaine,
Ne peut intervertir l'ordre de ses anneaux.

XII.

Evitons à la fois l'orgueil et le murmure,
Sages dans le bonheur et dans l'adversité ;
Tout n'est-il pas soumis à la nécessité ?
Prenons pour marcher droit la main de la nature.

XIII.

La nuit succède au jour ; l'hiver touche au printemps ;
Du sort qui règle tout la main impartiale,
Dans ses décrets, destine, au cercle de nos ans,
De joie et de douleur une mesure égale.

XIV.

Les bergers ne sont pas moins heureux que les rois :
Oui : tout est compensé dans le cours de la vie :
Tous dignes de pitié, tour-à-tour, et d'envie,
Les hommes au bonheur ont tous les mêmes droits.

XV.

Il en coûte souvent pour trop approfondir.
Craint-on l'épine ? il faut, d'un peu loin, voir les roses.
Pour trop l'analyser on manque le plaisir.
Jouissons des effets, sans remonter aux causes.

XVI.

Pour suivre la vertu faut-il tant de lumière ?
On connaît ses *devoirs* sans lire *Cicéron*.
Le berger ignorant, au fond de sa chaumière,
Pour être heureux et *sage* en sçait plus que *Charron*.

XVII.

Ne perdons pas de temps en questions frivoles.
Le plus sage toujours n'est pas le plus sçavant.
Qu'on écrive ces mots sur le seuil des écoles :
CROIS PEU ; DOUTE BEAUCOUP ; DU MOINS, SOIS TOLÉRANT.

XVIII.

Le Juste sans témoins se respecte lui-même ;
La crainte ni l'espoir sur lui ne peuvent rien ;
Le sage est au-dessus de toute loi suprême.
Il se défend le mal ; il s'ordonne le bien.

XIX.

La vertu veut de nous un encens volontaire,
Offert par l'amour seul de l'ordre et du devoir.
Elle ne se plaît pas dans un cœur mercenaire...
Pour aimer la vertu, je ne veux que la voir.

XX.

En servant la vertu, je ne veux qu'elle en elle.
Sans motifs étrangers, libre et désintéressé,
Sans en attendre rien, je lui serai fidèle.
L'homme, en faisant le bien, en est récompensé.

XXI.

Quand le sage médite un trait de bienfaisance,
D'applaudissements vains son cœur n'a pas besoin.
De ses vertus le sage, en son indépendance,
Dédaigne même un Dieu pour juge et pour témoin.

XXII.

D'un paisible ruisseau, dont la fraîcheur extrême
Porte en tous lieux la vie et la fécondité,
On respecte les flots errants en liberté :
Abandonnons ainsi l'homme sage à lui-même.

XXIII.

Fuyons des préjugés le chemin trop battu.
Sans les croire ou blamer, laissons à nos sectaires
Les disputes de mots, les dogmes, les mystères !
Et pour divinité choisissons la Vertu.

XXIV.

Que ne suis-je un Tacite !... Au temple de mémoire,
J'ajournerais les rois chacun selon son rang :
Mais des religions si j'écrivais l'histoire,
Il me faudrait tremper ma plume dans le sang.

XXV.

Il est un Dieu sans doute à qui tout est possible ;
L'homme dans le néant, sans lui serait encor ;
A ses rares vertus tout mortel est sensible :
Fléchissez le genou, mortel ! ce Dieu, c'est l'or.

XXVI.

De l'homme encore enfant, nourrices mercenaires,
Hélas ! la politique et la religion,
Dans un étroit maillot, à de courtes lisières,
Nous tiènent trop long-temps : quand nous sèvrera-t-on ?

XXVII.

Le peuple est un enfant qui fait ce qu'il voit faire :
Eh bien ! aux premiers jours de la belle saison,
Près du temple où le peuple adore sa chimère :
Elevons, en silence, un temple à la Raison.

XXVIII.

Il viendra visiter notre asyle paisible,
Au sein de la raison s'il goûte le bonheur,
S'il trouve parmi nous le doux calme du cœur,
A nos avis touchants il deviendra sensible.

XXIX.

Il oubliera ses Dieux.... Ses prêtres solitaires,
A leurs solemnités l'appelleront en vain :
Le peuple désormais sourd aux voix mensongères,
Heureux, s'applaudira de son nouveau destin.

XXX.

Mais ne pourrait-on pas plus loin porter ses vœux ?
Si du milieu du peuple un sage pouvait naître !....
J'aime à le pressentir ; pour détruire les Dieux,
Amis, il ne faudrait qu'un grand homme peut-être.

XXXI.

Et les Dieux et les rois ! voilà le double écueil
Qu'évite, eu louvoyant, la manœuvre du sage.
Sa boussole est son cœur : sans cesse il y tient l'œil,
Et son léger esquif rentre au port sans naufrage.

XXXII.

Les peuples à leurs maux ne trouveront de trêve,
Que lorsque, rappelés à leurs antiques droits,
Se gouvernant eux-même, ils réduiront leurs rois,
A n'être désormais que des Rois de la fève.

XXXIII.

Maudit soit le premier qui dit à son semblable :
« Je veux être ton maître ; obéis et sers-moi. »
Maudit soit à jamais l'homme non moins coupable,
Qui dit à son égal : « Je me soumets à toi. »

XXXIV.

De ce moment, hélas ! la terre consternée,
S'est changée en prison pour tous ses habitants ;
Guichetiers couronnés, *vingt* ou *trente* tyrans,
Sous clef tenaient la foule à gémir condamnée.

XXXV.

Du fond de son cachot, malheur au prisonnier,
Qui criait : *liberté !* d'une voix téméraire ;
Un plus étroit cachot devenait son salaire :
Ce saint nom réveillait la meute du geôlier....

XXXVI.

Combien de temps encor durera l'esclavage ?
Nos fers, ils sont si vieux qu'ils devraient être usés ;
Soulevons-les d'abord, puis osons davantage ;
Essayons de les rompre, et nos fers sont brisés.

XXXVII.

Quittons de nos cités la demeure infernale !
Plus de roi, plus de prêtre ! à nous mêmes rendus,
Libres et dégagés de tous nœuds superflus,
Faisons revivre enfin la loi patriarchale.

XXXVIII.

Sous l'œil de la nature, écoutons notre cœur;
Exerçons-nous en paix aux vertus domestiques;
Et que chaque famille, en ses foyers rustiques,
Trouve, sans le chercher, un facile bonheur.

XXXIX.

Montrons-nous les enfants de nos premiers ancêtres;
Fiers d'être *Homme*, (il n'est rien au-dessus de ce nom,)
Rentrons dans tous nos droits, ne souffrons plus de maîtres,
Et ne laissons régner sur nous que la raison.

XL.

De la dignité d'homme, es-tu jaloux encor?
Mortel ! crains-tu les maux du pouvoir arbitraire?
Veux-tu réaliser le paisible âge d'or?...
Garde-toi d'obéir à d'autres qu'à ton père.

XLI.

Je voudrais rendre l'homme à ses vertus premières;
Du règne paternel lui rappeler les lois;
Substituer, enfin, comme il sied à des frères,
Le bâton pastoral au sceptre d'or des rois.

XLII.

Si pour bien gouverner sa famille, un bon père
Ne saurait apporter trop grande attention;
Or donc, pour bien régir toute une nation,
Qu'on m'apprène comment un prince pouvait faire?

XLIII.

L'auguste Vérité n'a point son sanctuaire,
Dans le palais des rois, ou le temple des Dieux.
Et les rois et les Dieux ont besoin du mystère ;
Au sein de la Nature elle s'offre à nos yeux.

XLIV.

Couverte d'un manteau, pour n'être pas connue,
Toujours errante, il est une divinité
Sans azyle, sans culte et par-tout mal-venue :
Reconnais à ces traits l'auguste Vérité !

XLV.

De la fable un esclave imagina le fard,
Pour ménager son maître orgueilleux et fantasque :
L'auguste Vérité plaît au sage, sans art,
Et ses traits sont trop beaux pour les charger d'un masque.

XLVI.

Respecte la chaumière où le pauvre vit libre ;
N'attaque point le droit de la propriété :
C'est le premier de tous ; il maintient l'équilibre,
Et sert de base aux loix de la société.

XLVII.

Accueille sur ton champ le timide glaneur ;
Le destin lui fait-il une assez grande injure !
Il vit de tes bienfaits, lui ! fils de la nature,
Qui devrait être aussi comme toi moissonneur.

XLVIII.

XLVIII.

Tu dors : et sur le seuil de ta porte outrageante ;
Le pauvre veille à jeun ; riche, ouvre lui ta main ;
Crains les retours du sort : la fortune est changeante ;
Au plus beau jour, succède un triste lendemain.

XLIX.

Heureux celui qui peut se suffire à lui-même ;
Qui ne doit qu'à lui seul ce qu'il est, ce qu'il fait :
Être son bienfaiteur, voilà le bien suprême !
Qui s'oblige, n'a pas à rougir du bienfait.

L.

Crains la foule ; le sage avec grand soin l'évite ;
Souvent la foule entraine où l'on ne voudrait pas :
Qui chemine à l'écart est maître de son pas ;
Qui marche toujours droit, toujours marche assez vîte.

LI.

L'opinion vulgaire est comme une denrée,
Dont le prix hausse et baisse au retour des saisons :
Le sage au bruit des sots a l'ame préparée ;
Il prend peu garde au nombre, et pèse les raisons.

LII.

Au bonheur du méchant ne porte pas envie :
La rose est sur sa tête et l'épine en son cœur.
Il s'environne en vain des plaisirs de la vie ;
Il porte en lui son juge et son accusateur.

H

L I I I.

La Vertu marche à pied et souvent mal vêtue ;
Le vice sous la pourpre aime à nous éblouir . . .
Tout est bien.... La Vertu craint-elle d'être nue ?
Le vice n'a-t-il pas sa laideur à couvrir ?

L I V.

Au bout de l'univers pourquoi courir ? Le sage,
Sans sortir de chez lui, voit beaucoup de pays :
L'homme, hélas ! ne vaut point les frais d'un long voyage,
Et le même par-tout, ne change que d'habits.

L V.

L'arbre trop agité ne peut prendre racine :
Ce n'est pas en courant, qu'on saisit le bonheur ;
A le chercher bien loin l'homme inquiet s'obstine ;
Il est à notre porte : ouvrons-lui notre cœur.

L V I.

Endosse le manteau de la philosophie :
Il sied à toute taille et pour toutes saisons ;
Au jeune âge, il nous sert contre les passions ;
Et nous abrite encor dans l'hiver de la vie.

L V I I.

Le temps marche en géant. Hélas ! rien ne l'arrête.
On ne l'a jamais vu revenir sur ses pas.
Des roses qu'il moissonne, ornons du moins sa tête,
Et parsemons de fleurs le chemin du trépas.

LVIII.

Si d'une main avare on a compté nos jours,
De leur rapidité vengeons-nous par l'usage.
De bonnes actions marquent les jours du sage;
Mais l'insensé verbeux les perd en beaux discours.

LIX.

De jours bons et mauvais, la vie est une somme.
Que l'avare destin donne à faire valoir :
La mort, au terme échu, fait rendre compte à l'homme,
Et sans délai, ni grace, exerce son pouvoir.

LX.

Que le vil royaliste, à genoux, au saint lieu,
Au céleste monarque adresse sa prière !
Le fier Républicain ne peut admettre un Dieu;
Pour lui, pas plus de maître au ciel que sur la terre.

ÉPILOGUE.

Dans des vers sans apprêt, à mon siècle frivole,
J'ose ainsi présenter le vice à découvert :
De la saine Raison j'ai porté la parole :
Heureux, si je n'ai pas prêché dans un désert.

AD MAJOREM GLORIAM VIRTUTIS.

www.ingramcontent.com/pod-product-compliance
Lightning Source LLC
Chambersburg PA
CBHW060153100426
42744CB00007B/1011